AF547432

Die Mysterien der Kabbala

oder

Die okkulte Harmonie der zwei Testamente enthalten in der Prophezeiung von Ezechiel und der Offenbarung von Johannes

Éliphas Lévi

Das große Siegel von Ezechiel aus den magischen Kalendern von Tycho Brahe und Duchanteau entnommen

Verlag Heliakon

Verlag Heliakon

Übersetzung aus dem Französischen
Originaltitel: Les Mystéres de la Kabbale
ou L'harmonie occulte des Deux Testaments
Übersetzer. Osmar Herny Syring

Umschlaggestaltung: Verlag Heliakon
Titelbild: Das große Siegel von Ezechiel aus den magischen Kalendern von Tycho Brahe und Duchanteau entnommen

Herstellung und Vertrieb: BoD - Books on Demand, Norderstedt

www.verlag-heliakon.de
info@verlag-heliakon.de

ISBN: 978-3-943208-21-4

Die Deutsche Nationalbibliothek verzeichnet diese Publikation in der Deutschen Nationalbibliografie; detaillierte bibliografische Daten sind im Internet über www.dnb.de abrufbar.

Inhaltsverzeichnis

Teil I

Die Prophezeiung von Ezechiel

Analyse und kabbalistische Erklärung der Prophezeiung

Jerusalem bedroht durch die Assyrer und vergeblich gewarnt durch ihre Propheten ging seiner Vernichtung entgegen, der König Jehoiachin und eine große Anzahl von Juden wurden gefangen genommen; Ezekiel, Priester und Eingeweihter der Geheimnisse des Heiligtums schrieb seine Prophezeihung, um mithilfe einiger traditioneller Symbole die großen Lehren der okkulten Theologie der Hebräer und der Leiter der universellen Wissenschaft der antiken Welt zu bewahren.

Die Vision von Ezechiiel

Hier sind die vier Flüsse von Eden und das Leben der menschlichen Zivilisationen in vier Formen; sie entspringen einer einzigen dreifachen Quelle, die das Auge der Gottheit ist; es ist der Klang der Harmonie der Sphären, der das Auge der ewigen Vernunft darstellt, das seine Herrlichkeit im Kreis der drei Mal heiligen Dreifaltigkeit ausstrahlt.

In der Mitte der Ellipse des Lebens, die die Ellipse der Formen des Lebens aussendet, gibt es zwei Ellipsen im Kreuz des spirituellen Lebens und zwei Ellipsen im Kreuz des natürlichen Lebens.

Das Zentrum von Eden ist die einzige Quelle des einzigen Prinzips, das allen Formen der Natur zugrunde liegt, wie die Zelle die einzige Art der Formen des Pflanzenreiches, des Tierreichs und der Menschheit ist.

Ezechiel

Die große Vision von Ezechiel

Die Prophezeiung von Ezechiel

Kapitel I

Und es begab sich im dreißigsten Jahr des vierten Monats.

Drei multipliziert mit zehn (dreißig) im Zyklus von zwölf. Die Teilung des Ternären durch das Quaternäre im Zyklus von zwölf.

Am fünften Tag des Monats.

Fünf, die Nummer der Seele, Herrscherin der vier Elemente, in der Wissenschaft der Drei erklärt durch zehn und regiert durch die Bewegung der Zwölf.

Als ich bei den Gefangenen am Fluss Chobar stand.

ש ב ר Der Fluss des astralen und prophetischen Lichts dargestellt durch Shin, belebt durch Beth und sich fortpflanzend durch Resch.

Als die Himmel geöffnet wurden.

Das bedeutet, dass die Intelligenz mir von himmlischen Analogien gegeben wurde.

Und ich sah die Vision Gottes.

Das heißt, die sichtbaren Hieroglyphen durch die die Ideen sich manifestieren, die man vernünftigerweise von Gott haben kann.

Und ich sah und da war ein Hauch, der wie ein Wirbelwind aus dem Norden kam.

Der Antrieb des treibenden Prinzips wird zum negativen Pol gegeben und manifestiert sich im positiven Pol.

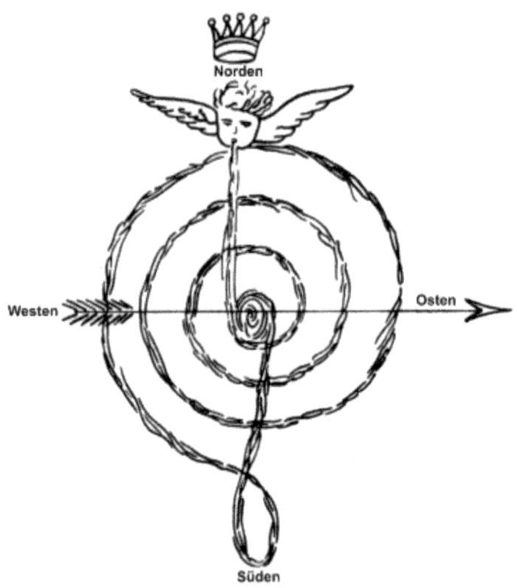

Antrieb des treibenden Prinzips.

Bild des wirbelnden Feuers.

Und eine große Wolke.

Die universelle Substanz, der Äther wird durch ein Prinzip der molekularen Polarisation kondensiert und die Materie erscheint zuerst in einem gasförmigen Zustand und dann in der Form von Dampf.

Und ein Feuer, das sich dreht.

Die aktive Kraft, die sich im Feuer manifestiert, rast von einem Pol zum anderen und gibt den anderen Punkten der Materie, wo der Äther sich kondensierte hat, eine schnelle drehende Bewegung. So manifestieren sich die Kraft der Anziehung und die Kraft der Projektion.

Und in der Mitte des Feuers, in der Mitte des universellen polarisierten Lichts, in einem astralen Kreis, wie eine elektrische Anordnung, erscheint ein Ball aus Licht, ähnlich wie Bernstein oder transparentes Gold.

Koagulierung des Lichtes und Bildung des elektrischen astralen Kerns.

Und in der Mitte dieser Anordnung, im zentralen Punkt des einfachen Balles, von dem die Projektion ausstrahlt und zum dem die Anziehung sich richtet, die Erscheinung von vier Tieren.

1. Der Adler: Luft, Intelligenz, Verstand, Seele.

2. Mensch: Wasser, Wissen, Leben, Licht.

3. Löwe: Feuer, Kraft, Aktion, Bewegung.

4. Stier: Erde, Arbeit, Widerstand, Form.

In der Symbolik der Hindus wird der Adler durch den Pfau und der Löwe durch die Schlange ersetzt.

Und so war ihr Aussehen:

Die Kräfte, die sich verbinden, erzeugen die elementaren Kräfte.

Die Tiere sind reine Hieroglyphen, nichts weiter als konventionelle Abbildungen.

Das menschliche Gesicht befand sich in der Mitte.

Der Mensch ist die Synthese der Formen und das intelligente Zentrum der Schöpfung.

Das Tier war einzigartig in seiner Form und wiederholt sich vier Mal, wie der Name י ה ו ה, einzigartig und aus vier Buchstaben gebildet ist.

Und es hatte vier Gesichter und vier Flügel, vier Zeichen die vier Gedanken darstellen und vier Hände an jeder Seite unter den Flügeln.

Die Macht der Aktion entsprach dem Gedanken und Füße ähnelten dem eines Kalbes; dieses Bild stützt sich auf das Mysterium des Opfers.

Sie waren bedeckt mit leuchtenden Funken, wie glühendes Messing.

So stellten sie die vier kardinalen Richtungen des Himmels dar, der übersät ist mit Sternen.

Ihre Gesichter blickten in vier Richtungen.

Jeder der vier Hieroglyphen hat eine absolute Bedeutung.

Wenn ihre Flüge ausgebreitet sind, berühren sie sich.

Aber die Gedanken, die sie darstellen, sind relativ und einander ähnlich.

Und sie gehen fortwährend auf demselben Weg, ohne sich jemals umzudrehen.

Der Kreis dreht sich und die vier Punkte kommen und gehen, ohne sich jemals zurückzubewegen.

Und die Vier hatten das Gesicht eines Menschen, rechts den Kopf eines Löwen, links den Kopf eines Stieres und oben den Kopf eines Adlers.

Der Mensch, geleitet durch die Intelligenz ist zwischen der aktiven und der passiven Kraft platziert, denn er hat eine aktive Seele und einen passiven Körper, der von der Seele die Bewegung und Aktivität erhält.

Eliphas Levi fügt hier eine Reihe von Götterbildern und initiatorischen Bildern ein, um zu zeigen, dass die Verwendung der Tiere und Teile von ihnen als reine Konventionen gedacht sind und dass sie als Hieroglyphen betrachten werden sollen.

Die Länge dieses Einschubs zeigt die Wichtigkeit dieser Wahrheit und der verschiedenen Beispiele, die er als universell betrachtet.

(Anmerkung des Herausgebers)

Assyrische Kabbala, Skulptur aus Ninive

Die Intelligenz siegt über das Feuer.
Das Feuer geleitet und besiegt durch das Wasser.

Skulptur aus Ninive

Der Mensch der Inspiration.
Das ätherische Wasser oder die universelle Materie

Assyrisches Fragment

Die Kraft beherrscht die Materie.
Das Feuer durchdringt die Erdkruste

Der einundzwanzigste Schlüssel des Tarot

Die Krone, das Tetragramm,
das Leben in Bewegung und die Stabilität.
Universelle Synthese

Indische Einweihung

Vishnu im Zentrum des Universums

Ägyptische Einweihung

Die große Sphinx von Theben.

Eliphas Levi fügt in dieser Reihe ohne weiteren Kommentar die Bundeslade ein; aber hier ist das, was einer seiner Schüler anbietet, ein Kommentar, der sicherlich einer Korrespondenz mit dem Meister entnommen ist:

Es ist die Welt der Ideen, die in den hieroglyphischen Abbildungen durch die Bundeslade dargestellt wird.

Die vier symbolischen Tiere sind das Symbol der Genien im Gleichgewicht der vier elementaren Formen, in der Reihenfolge physisch, moralisch, intellektuell und religiös, in den mineralischen, pflanzlichen, tierischen und menschlichen Reichen.

Jeder Genius der vier Formen hat eine doppelte Richtung, betont durch die Flügel, von denen einer nach oben und der andere nach unten zeigen, um den Lauf des Lebens darzustellen, das sich mit der Seele aufsteigt und mit dem Körper hinabsteigt.

Die Bundeslade und die Cherubinen.

Die vier Flügel, die den Deckel der Bundeslade bedecken, sind ein Ausdruck der vier himmlischen Strömungen des universellen Stoffs, der sich in die vier Ecken der menschlichen Welt erstreckt; die vier Flügel, die sich an den Seiten der Bundeslade befinden, zeigen dass das, was unten ist, gleich ist, wie das was oben ist.

Wenn das, was in fester Form existiert, nicht zuerst in flüchtiger Form existiert hätte, würden weder die Körper existieren, noch die Gesetze, die sie in den vier Reichen regieren.

Es ist im Inneren der Bundeslade des Universums, d. h., in der latenten Aktion der Verbrennung der Elemente und ihrer Formen, wo sich die Lichtstrahlen vereinen, um durch Analogie, die Richtungen der Daseinsberechtigungen aller Dinge, die nicht mehr, wie es sein sollte, in einer vollkommenen, sozusagen mathematischen Beziehung sind, zu erzeugen.

Die Bundeslade – Vorderseite.

Es ist hier, unter diesem Himmelsgewölbe der aufstrebenden Seelen, die die Ursachen der Ideen, die Urformen, bestrahlen, wo die wohlwollende Aktion der solaren Herrlichkeit Wärme und Leben aussendet, um Körper für die Seelen zu erschaffen, die für eine irdische Existenz vorgesehen sind.

Es ist unter diesem Gewölbe, wo der Hohepriester mit Gott über das Schicksal der zwölf Stämme Israels sprach.

Die beiden Dreiecke trennen die unteren Flügel, einen weißen und einen Schwarzen, zeigen die Dualität der Ideen und Formen, d. h., das weiße Dreieck symbolisiert alles, was uns unbekannt ist, während das umgekehrte Dreieck der Schatten Gottes ist, und dieser Schatten ist Licht für uns.

Während das schwarze Dreieck, die obere Spitze, das Licht Gottes ist, das für uns Schatten ist.

So erläutern diese beiden Dreiecke den Kampf zwischen dem Endlichen und dem Unendlichen, ein Kampf, der den Takt des universellen Pulses erzeugt.

Die quadratische Basis ist der Würfel der unveränderlichen Gesetze.

Die zwei Stangen sind die polaren Achsen, die Ringe, mit denen sie befestigt sind, sind die vier Zeitalter der menschlichen Zivilisation.

Zum Beispiel: eine Welt verschwindet aus dem Bereich der Realität. Sie lässt den fruchtbaren Boden für eine Andere zurück, die fortschreitend oder rückschreitend sein kann, je nachdem, ob die Erste aufsteigend oder absteigend war, aber immer in umgekehrter Richtung, entsprechend dem Gesetz der Polarität. Die fünf Endstücke, die man zwischen den erhobenen Flügeln sieht, sind der Ausdruck des unaussprechlichen Namens, gebildet von der reinen Existenz der vier Buchstaben des Namen Gottes, um auszudrücken das alles, was im äußeren Sein ist, auch im inneren Sein ist. Denn auf diesem goldenen Deckel vereinen sich alle Nummern aller Formen, um die Existenzen des universellen und ewigen Lebens zu vervielfältigen: es ist die Nummer der Seele.

Und zwischen den vier Tieren erschien ein glänzendes Feuer und leuchtende Blitze kamen aus dem Feuer.

Die doppelte spiralförmige Bewegung des Lichtes wird hier beschrieben mit außergewöhnlichen Ausstrahlungen, die erstaunliche Wunder erzeugen und die durch die üblichen Buchstaben in Schriften der heiligen Magie dargestellt werden.

Nun kamen und gingen die Tiere.

Die sternenbesäten Himmel drehen sich, *mit der Herrlichkeit und dem Glanz der Blitze.*

Denn Bewegung erzeugt Licht und die kreisförmige Reibung entlädt Elektrizität.

Abbildung der Blitze

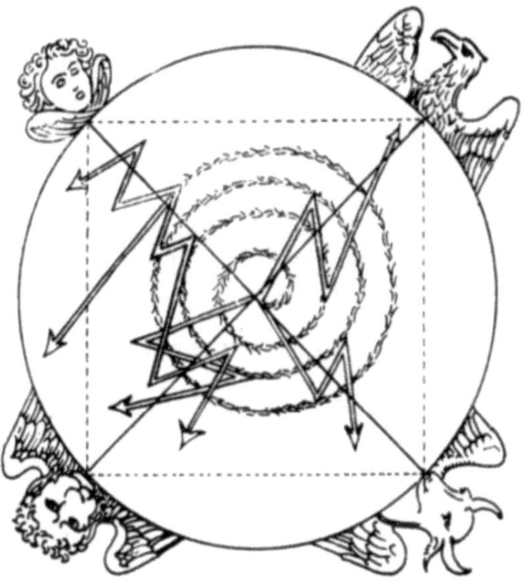

Erklärung der Bewegung der Kometen, mysteriöser Krankheiten, Stürme und Wunder

Als ich die Tiere anblickte,

das heißt die vier Himmelsrichtungen,

erschien ein Rad über der Erde, das den vier Tieren entspricht.

Ich verstand, dass die Maße der Erde den Bereichen des Himmels entsprechen.

Und dieses Rad hatte vier Seiten.

Die Erdkugel entspricht den parallelen Seiten eines Würfels.

Das Aussehen dieser Räder war wie das Meer.

Das heißt, es war riesig und reichte ganz bis zu den Enden der Erde.

Es war wie ein Rad in einem Rad.

Erste Elemente der ringförmigen Sphäre mit Ekliptik und Äquator.

Und sie bewegten sich vorwärts und nie zurück.

Rotation und Gravitation der Erde.

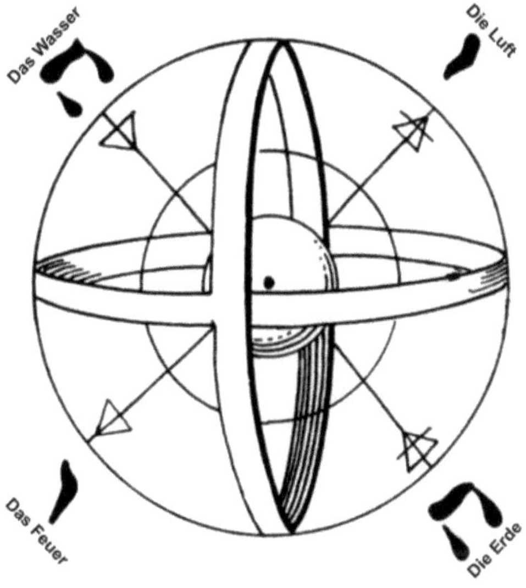
Das Wasser
Die Luft
Das Feuer
Die Erde

Die Räder bewegten sich mit den Tieren.

Bewegung der Erde entsprechend der Jahrszeiten.

Wenn eines der Tiere aufstieg, stieg der entsprechende Punkt des Rades mit ihm.

Teilung des Himmels in Zenit und Nadir, Apogäum und Perigäum

Denn der Geist des Lebens war in den Rädern.

Strömung des universellen lebendigen Lichts.

Als die Tiere anhielten, falteten sie ihre Flügel und sie hielten, als eine Stimme von oben aus dem Firmament zu hören war.

Das Wort Gottes bestimmt die Länge der großen Zeitalter der Existenz, in denen das Universum sich erneuert.

Denn über dem Firmament, das sich über ihren Köpfen ausbreitete wie ein Gewölbe aus Saphir, sah ich die Erscheinung eines Thrones und auf dem Thron das Bild einer menschliche Form.

Das heißt, die allegorische Gestalt eines Menschen, der diente, um uns eine vergleichsweise Idee unendlichen und unbegreiflichen Essenz Gottes zu geben.

Und ich sah eine Art elektrischer Strahlung – Feuer, universelles Licht.

Das Od, das Ob und das Aour der Kabbalisten. Der Äther in vollkommenem Gleichgewicht durch doppelte Polarisation.

Wie ein inneres Feuer, das sich in einem Kreis bewegte, von der Mitte des Bildes bis zu den Füßen, mit einem weiteren Kreis darüber. Der Kreis war ein Glanz von Licht. Der untere Kreis war ein lebendiges Feuer und um die beiden Kreise war ein Regenbogen, wie man ihn an regnerischen Tagen sieht.

Zwei Kreise in einem, die zentrale Drei und die sieben Abstufungen des Lichts.

Sphäre der Ursachen und der Schöpfungen

Und so sah ich durch Symbole die Idee der Herrlichkeit Gottes und ich fiel mit dem Gesicht auf die Erde, aber ich hörte eine Stimme, die mir sagte: Menschensohn, steh auf und ich werde mit dir sprechen.

Die Erste religiöse Bewegung des Menschen ist es, sich vor Symbolen und Bildern niederzuwerfen. Das charakterisiert die Neigung aller Völker zum Götzendienst in ihren Anfängen. Aber der Eingeweihte erhebt sich und betrachtet das allegorische Bild Gottes von Angesicht zu Angesicht; und das ist, wenn er zu stehen weiß und hört, wie Gott zu seiner Intelligenz und seiner Vernunft spricht.

Das ist die wunderbare und mysteriöse Einführung in die Prophezeiungen von Ezechiel, die im ersten Kapitel fortgesetzt wird.

Der Eingeweihte erläutert hier alle Symbole der hohen Theologie, vergessen oder verachtet von den Priestern der damaligen Zeit.

Dann erklärt er, dass Gott ihn zum Wächter seines Volkes gemacht habe, und dass er es von nun an unter Androhung der Todesstrafe vor drohenden Gefahren warnen müsse; alle Handlungen des Propheten werden symbolischen Warnungen sein, gerichtet an die ungläubigen Menschen von Jerusalem und ihre Herrscher, die ihre Pflichten und die Wahrheit vergessen haben.

Er zeichnet den Plan von Jerusalem auf einen Ziegel. Er zeigt Jerusalem unter Belagerung, so wie es sein wird. Er unterwirft sich einem schrecklichen Fasten, das die Hungersnot darstellt, der die belagerten Juden ausgesetzt sein werden. Er ißt grobes Brot, verunreinigt mit unsäglichem Schmutz.

Diese Art zu predigen, entsprechend dem übertriebenen und überschwänglichen Geist der Orientalen, hatte als Ziel die Vorstellungskraft der Menschen zu beeindrucken und ihnen begreiflich zu machen, wie sehr ihr Prophet von den schrecklichen Dingen, die er ankündigte, überzeugt war.

Vom achten bis zum zwölften Kapitel beschreibt der Prophet die Entweihung des Tempels.

Um diese Entweihung zu verstehen, muss man wissen, dass der Tempel durch seine Architektur und Anordnung die Doktrin der Wahrheit symbolisiert, denn Moses hatte ausdrücklich verboten, Hierglyphen zu meißeln oder Bilder zu errichten, wie die Ägypter es taten, die, in dem sie die Symbole der hohen Theologien vervielfältigt hatten, schließlich die vulgäre Bevölkerung zu einem absurden Götzendienst gebracht hatten.

Die Ignoranten sehen absichtlich die Vergleiche als Begründung und die Abstraktionen der Symbole als materielle Realität.

Der besondere Geist Israels lag im Hass auf die Idole und durch die Trennung von dieser Tradition gingen die Samariter verloren und die zehn dissidenten Stämme mischten sich mit den umliegenden Nationen und fanden sich auch im Moment der Befreiung aus der großen Knechtschaft nicht mehr zusammen.

Die Idole von Samaria waren nichts anderes als hieroglyphische Bilder von hohen Konzepten der Kabbala, aber da diese Bilder den Ägyptischen nachgeahmt waren, mischten sie sich später mit griechischen und römischen Abbildungen und wurden zum Spott der dekadenten Philosophen.

Hier sind Beispiele solcher Bilder:

Aus diesem umgekehrten und fallenden Stern entstand der König der Dämonen, Luzifer.

Rempham oder der ungekehrte feurige Stern wurde später zum Kopf eines Esels.

Nibbas, derselbe wie Anubis.
Die priesterliche Wissenschaft. Schwarze Magie.
Der Dämon Samaxia oder Belial

Thartac oder Onochoetites. Der Shiva der Inder. Materielle Fruchtbarkeit. Der unwissende Glaube. Das unheilvolle Leben. Der Teufel Astaroth

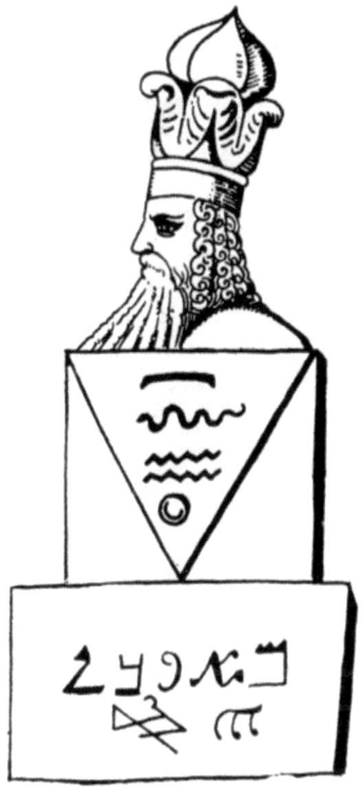

Marcolis. Der kubische Stein.
Stabilität. Fatalität. Moloch

Azima

Azima, derselbe wie Mendes oder Beelphegor.
Der Sündenbock. Physische Liebe

Anamelech, derselbe wie Pegasus. Das Wort der Schönheit.
Der König der Analogien.

Nergal. Der Hahn des Sabbaths. Abraxas.
Die Schlange von Mars. Der philosophische Drachen.

Succot Benoth. Die Natur.
Die schwarze Henne der Magier.

Nisroch. Der Phallus.

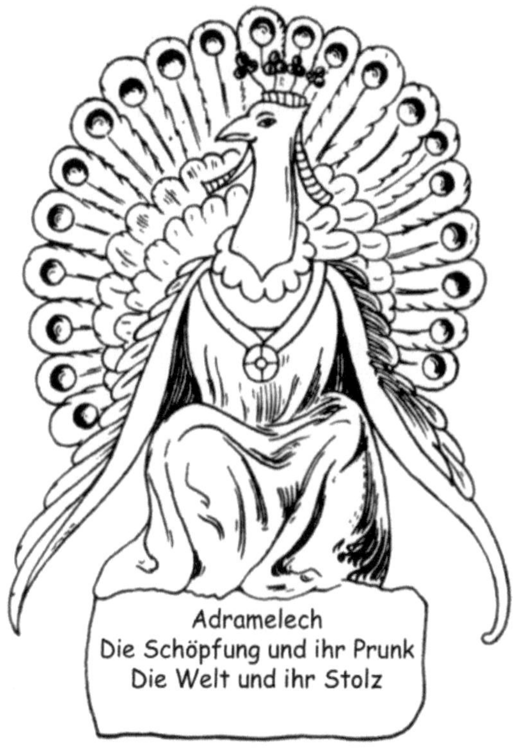

Andramelech.
Der Pfau. Die Welt des Stolzes.

Das folgende Bild, das die vorhergehenden Abbildungen einstuft, zeigt, wie göttliche Vorstellungen degeneriert wurden, indem sie von hieroglyphischen und abgöttischen Formen der unreinen Kulte übernommen wurden. Wir können nun anfangen die Visionen oder allegorischen Beschreibungen von Ezechiel bezüglich des Tempels des wahren Gottes zu verstehen.

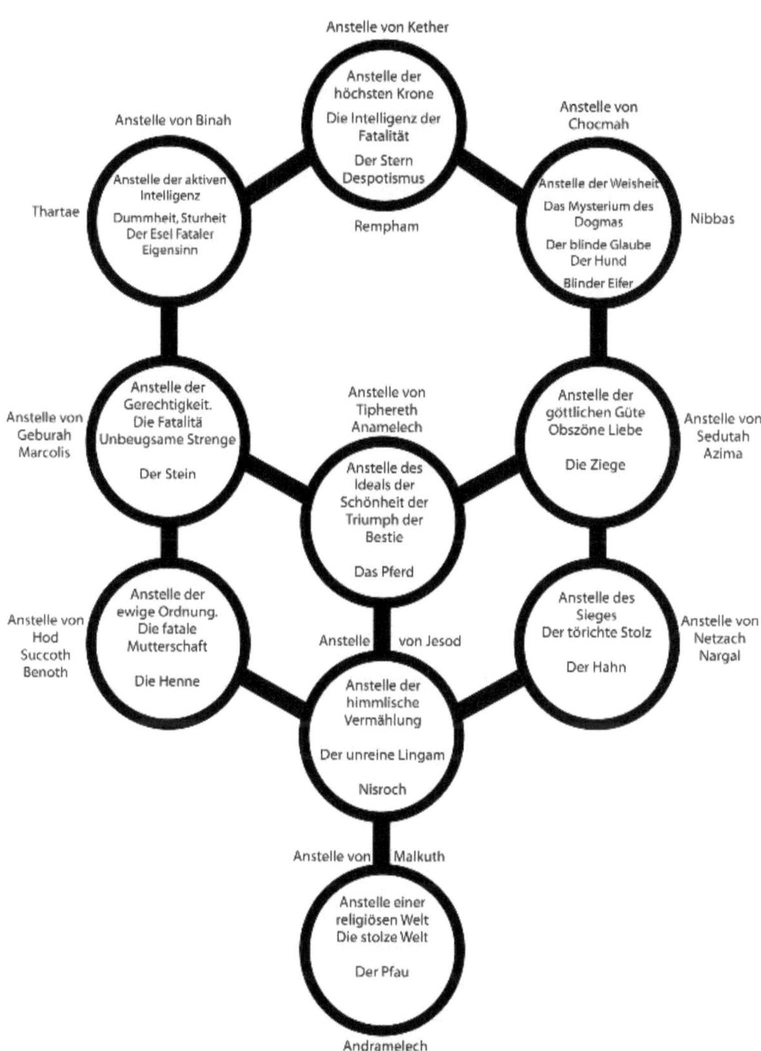
Anstelle von Kether
Anstelle der höchsten Krone
Die Intelligenz der Fatalität
Der Stern
Despotismus
Rempham
Anstelle von Binah
Anstelle der aktiven Intelligenz
Dummheit, Sturheit
Der Esel Fataler Eigensinn
Thartae
Anstelle von Chocmah
Anstelle der Weisheit
Das Mysterium des Dogmas
Der blinde Glaube
Der Hund
Blinder Eifer
Nibbas
Anstelle von Geburah Marcolis
Anstelle der Gerechtigkeit.
Die Fatalitä
Unbeugsame Strenge
Der Stein
Anstelle von Tiphereth
Anamelech
Anstelle des Ideals der Schönheit der Triumph der Bestie
Das Pferd
Anstelle der göttlichen Güte
Obszöne Liebe
Die Ziege
Anstelle von Sedutah
Azima
Anstelle von Hod
Succoth Benoth
Anstelle der ewige Ordnung.
Die fatale Mutterschaft
Die Henne
Anstelle von Jesod
Anstelle der himmlische Vermählung
Der unreine Lingam
Nisroch
Anstelle des Sieges
Der törichte Stolz
Der Hahn
Anstelle von Netzach
Nargal
Anstelle von Malkuth
Anstelle einer religiösen Welt
Die stolze Welt
Der Pfau
Andramelech

Kapitel VIII

Ich fühlte so etwas wie eine Hand.

Keine Hand, aber etwas wie eine Hand, d. h., eine Kraft, eine Handlung.

Die mich oben am Kopf ergriff.

Das heißt, durch die höchsten Inspirationen.

Und im Geist erhob sie mich zwischen Himmel und Erde.

Das heißt, in den prophetischen Bereich der universellen Analogien.

Und in der Vision Gottes.

Das heißt, durch eine erhabene Inspiration.

Wurde ich nach Jerusalem gebracht.

Im Geist und in der Art der Ekstatiker.

In die Nähe des inneren Tores, das nach Norden zeigte.

Das nördliche Tor entspricht dem Buchstaben Jod.

Dort war ein Idol, das fähig war, Eifersucht hervorzurufen.

Jedes stellvertretende Bild des heiligen Jod ist eine Untreue und religiöse Verfälschung.

Und die Stimme sagte mir: durchschreite die Mauer des Tempels.

Das heißt, blicke hindurch, wie in einem visionären Schlaf.

Und ich tat wie mir geheißen und im Inneren sah ich an den Wänden Bilder von Reptilien und Tieren.

Die bronzene Schlange und die vier Tiere, umgewandelt von Hieroglyphen zu Idolen.

Und alle Idole des Hauses Israel in Kreisen an alle Wände gemalt.

Die unreinen Götter von Samaria dargestellt in Zeichen und falsche kabbalistische Figuren bildend. Dann sieht der Prophet die Priester und die Alten von Israel, die diesen Idolen Weihrauch darbringen; er sieht sogar Frauen im Tempel, die den Tod von Adonis beklagen.

Voller Empörung und Eifer lässt er wieder die großen kabbalistischen Bilder, die ihm an den Ufern des Chobar erschienen waren, erstrahlen. Das zehnte Kapitel wiederholt die Mysterien des Ersten.

Er präsentiert seinen Leser wieder diese Sphinx, die ein Tier mit vier Gestalten ist, das Rätsel von Ödipus, das so oft und auf so viele verschiedene Arten wiederholt wurde in den Hieroglyphen der antiken Welt.

Fahren wir fort mit einigen dieser Bilder.

Ein Talisman der antiken Gnostiker

Der wachsame Verstand: Die doppelte Schlange – Wasser.
Die unterdrückte Materie oder der fügsame Wille: Das Pferd – Erde.
Kraft und Handlung: Der Löwe – Feuer.
Veränderliche und flüchtige Form: Der Hahn – Luft.

Hermetische Symbole

Das zentrale, sowohl irdische als auch gasförmige Feuer, durch Wasser in Aktivität gebracht.

Antike griechische Medaille

Der Adler – Luft: Die Inspiration.
Der Mann – Erde: Gedanken.
Die Frau – Wasser: Die Liebe.
Der Löwe – Feuer: Das Leben und seine Leidenschaften.

Hermetisches Symbol

Das Mysterium des zentralen Feuers erzeugt durch die Verbindung von Erde, Luft und Wasser.

Basilianisches Amulett

Der Hahn – die Intelligenz.
Das Pferd – Die Vorstellung oder der Wille.
Der Mann – der Verstand.
Das Schaf – die fatalen Instinkte.
Die Initialen bedeuten:
L *lux;*
T *terra;*
F *forma;*
C *caro.*

Ein weiteres Amulett

(älter, zugeschrieben den Schülern von Sokrates).

Hier wird die Form erläutert durch den Widder,
Zeichen der universellen Erzeugung und des
Frühlings.
Der Hahn: Licht – Intelligenz – Feuer.
Das Pferd: Erde – Vorstellung – Wille.
Der Widder: Luft – Frühling – Form.
Mann: Fleisch – Blut - Wasser

Symbolische Bilder waren den Eingeweihten vertraut, aber einige sind rein und andere unrein.

Das heißt, einige stellen das geistige Reich über der Materie dar und geben der menschlichen Gestalt einen herrschenden Platz unter den tierischen Gestalten. Die Anderen drücken nichts anderes aus als das Reich der Fatalität und ordnen das menschliche Antlitz den Hieroglyphen der Instinkte unter.

So wirft Ezechiel den falschen Propheten und unwürdigen Priestern vor, die Wahrheit pervertiert und korrumpiert zu haben.

Die heilige Stadt, Bewahrer der Traditionen des Okkultismus wird von ihm mit einer verdorbenen Prostituierten verglichen, am Beispiel ihrer Schwester.

Jerusalem wollte Samaria nachahmen.

Der profane Symbolismus hat das Heiligtum des wahren Gottes mit Idolen und monströsen Figuren gefüllt.

So wird sie mit einer unfruchtbaren Weinrebe verglichen, die ausgerissen und ins Feuer geworfen wird.

Die Ausschweifungen von Jerusalem und Samaria, dargestellt durch zwei Frauen, werden von dem Propheten mit einer Energie erzählt, die das Schamgefühl erschreckt.

Der obszöne Götzendienst des Phallus wird in all seiner Nacktheit dargestellt.

Ohola und Oholiba prostituieren sich, wo immer und wann immer sie können, und suchen monströse Glieder und bestialische Handlungen.

Die Kapitel XVI und XVII der Prophezeiung sind voll von diesen Vorwürfen und Drohungen, die in Kapitel XXIII wiederholt werden.

Die Namen Ohola und Oholiba, die den beiden frevlerischen Städten verliehen wurden, bedeuten Zelt oder Tabernakel.

Einer ohne Pronomen, der Andere mit einem Possessivpronomen, der speziell das Tabernakel des Herrn in ihr anzeigt. Ezechiel verhängt Flüche über die fünf frevlerischen und ungläubigen Könige, die Israel korrumpiert und versklavt haben. Diese sind die Stimmen:

Von Babylon: der Stolz.

Von Tyros: die Habgier.

Von Amon: die Idolatrie.

Von Ägypten: die Sklaverei.

Von Seir oder von Edom: die Degeneration.

Diese Flüche, zusammen mit denen, die gegen Jerusalem und Samaria ausgesprochen wurden bilden sieben verschiedene Teile seiner Prophezeiung und wir können hier die Ähnlichkeit mit der Offenbarung des Johannes sehen, wenn wir die sieben Siegel, die sieben Posaunen, die sieben Schalen und die sieben Köpfe der Bestie erklären.

Nachdem er diese Worte ausgesprochen hatte, die anscheinend die Erde zerstören, sieht Ezechiel die Welt als eine riesige und kreisförmige Ebene, bedeckt mit weißen Knochen.

Hier wird er das große Mysterium des Todes enthüllen.

Die menschliche Asche ist der Samen des Lebens.

Die vier elementaren Kräfte blasen auf diesen Staub und lassen neue Menschen entstehen.

So geht nichts verloren, außer verbrauchten Formen und die Menschheit wird sich unaufhörlich erneuern in neuen Formen, die aus den Überresten des Todes erzeugt werden.

Das Zeichen der Auferstehung

Bild des Lebens und des Todes. Der Tod erzeugt Leben.

Die Geburt des Todes

Ein Bild, das oft in heiligen Hieroglyphen vervielfältigt wurde.

Freimaurerisches Symbol
Der Tod erzeugt Leben.

So wie Leben aus dem Tod entsteht, so wird, nach der Prophezeiung ein neuer Tempel errichtet werden aus den Ruinen des Alten, der entweiht und durch die Verbrechen der verdorbenen Priester für die Zerstörung bestimmt war.

Wie bereits gesagt, stellt der Tempel Salomons die kabbalistische oder traditionelle Theologie der Hebräer dar.

Der Tempel von Salomon

Sowie er auf den alten Münzen Israels dargestellt wird.

Das Gebäude des Tempels

Nach der Bibel und dem Talmud.

Allgemeiner Plan des Tempels und seiner Anlagen

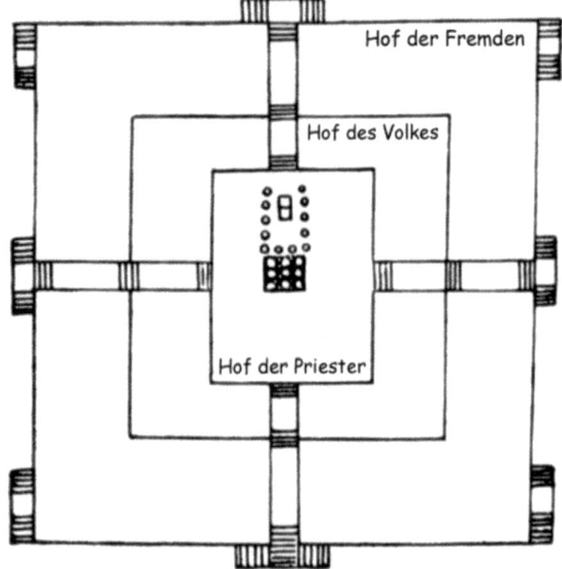

Das geschlossene Tor, das nur durch den Messias geöffnet werden kann. Plan des Tempels, nach Flavius Josephus und dem Talmud.

Allgemeine Ansicht des Tempels

Der Tempel mit seinen Galerien und Anlagen,
nach den antiken Monumenten.

Die Maße waren symbolisch und entsprechen den heiligen Nummern. Deshalb finden wir überall die mysteriöse Dreiheit; die gesamte Form des Gebäudes war quadratisch oder pyramidal.

Da waren drei quadratische, übereinanderliegende Bereiche, sieben Tore wie im antiken Theben und ein Achtes, das heilig war. Dieses Letzte konnte nicht geöffnet werden, außer durch den Messias.

Vor dem Haupttor waren zwei mit Bronze bedeckte Säulen, die die beiden mysteriösen Bäume des irdischen Paradieses darstellten. Eine wurde Jakin die Andere Boaz genannt, d. h., Schwäche die durch den Glauben und die Kraft, die er besitzt, unterstützt wird. Jede Säule war zweiundzwanzig Ellen hoch.

Die zweiundzwanzig Nummern und die zweiundzwanzig Buchstaben. Die Säulen stellten die Bejahung und die Verneinung dar, Geist und Materie, Ursache und Wirkung, Idee und Form, Mann und Frau. Die Gegensätzlichen jedoch wechselseitig analogen Elohim.

Sie waren am unteren Teil breiter und verjüngten sich nach oben.

Wie die Pyramiden und das heilige Dreieck.

Der Umfang am unteren Teil betrug zwölf Ellen.

Zwölf ist das Maß des jährlichen Zyklus, sie ist die Nummer der Schöpfung und der Verwirklichung. Sie ist die Vier multipliziert mit der Drei, das Dreieck mit dem Quadrat.

Der Granatapfel und das Kapitell.

Die Säule war achtzehn Ellen hoch.

Die Nummer des Dogmas und des Mysteriums. Zehn, die Nummer der Sephiroten, d. h., alles Wissens; acht, die der Verteilung.

Das Kapitell in Form einer Lilie war eine Elle hoch.

Die weiße Lilie repräsentiert das Licht, das wie die Blume des Dogmas und die Verwirklichung der Symbole ist.

Auf dem obersten Teil gab es einen Granatapfel, der aus vierhundert kleinen Granatäpfeln gebildet wurde.

Zeichen der Kette und Harmonie der Wesen, die sich in der Einheit auflösen, wie die Samen des Granatapfels in einer einzigen Frucht, wie die vierhundert Granatäpfel in einem Einzigen.

Eine Girlande aus Granatäpfeln windet sich neun Mal von der Basis bis zum Kapitell hinauf.

Die universellen Formen steigen und fallen in Spiralen um die Einheit, repräsentiert durch jede Säule.

Die Nummer Neun repräsentiert die Dreiheit, die in den drei Welten konzipiert und vervielfältigt wurde.

Im Universum passt alles zusammen und ist alles verbunden wie eine Girlande.

Unter dem Kapitell waren drei Reihen von Granatäpfeln.

Eine weitere Darstellung der göttlichen Dreiheit. Bevor sie sich in der Einheit auflösen, sind die Nummern in drei Reihen angeordnet. Das sind die Bedingungen der höchsten Gleichung, die hierarchische Harmonie enthüllt durch Formen, Ideen und dem höchsten Streben der Seele.

Nach dieser dreifachen Reihe der universellen Synthese blüht die heilige Lilie, die leuchtende Einheit, der Glanz der universellen Poesie. Über dieser Blume befindet sich der Granatapfel der Granatäpfel, die Synthese der Synthesen, die göttliche Frucht des Wissens.

Im Hof des Tempels gab es ein großes rundes Becken, das das Meer darstellte, welches die Hälfte der Erde bedeckt.

Dieses Becken, genannt das Meer aus Bronze wurde gestützt von zwölf Stieren aus Bronze, die in Dreiergruppen angeordnet waren und ein Kreuz bildeten, das in die vier Himmelsrichtungen wies; diese Stiere symbolisierten die Erde während der zwölf Monate des Jahres und die ewige Arbeit der Zeit, die im Kreis verläuft und der Menge des fließenden Wassers seine Form gab.

Dieses Meer aus Bronze war die Quelle alles notwendigen Wassers für die Priester und die Opfer.

Das Meer aus Bronze

Riesiges Becken, das als Quelle für den Tempel dient.

Es gab auch zehn kleineren Becken, die für Reinigungen genutzt wurden. Auf diesen Becken, oder eher unter ihnen waren die Figuren der vier mysteriösen Tiere abgebildet. Die Becken waren in Fünfergruppen angeordnet vor dem Tor des Tempels und stellten die zehn sephirotischen Gebiete des Wissens dar, die als Vorbereitung für alle Studien der hohen Kabbala dienten.

Alle diese Figuren, die das große Mysterium der Wissenschaft symbolisieren, wurden unter der Leitung von Hiram ausgeführt und angebracht.

Die modernen Freimaurer beklagen noch immer den Tod dieses Architekten des Tempels, um uns zu verstehen zu geben, dass die erhabene Theologie von Salomon in Vergessenheit geraten ist und dass der Geist der Anarchie unter den untergebenen Arbeitern das Genie von Hiram getötet hat.

Das hieroglyphische Zeichen des Kreuzes, ein Symbol des Namens der alle Namen enthält, ein Bild der vier Himmelsrichtungen und der Quadratur des Kreises, d. h., der kreisförmigen Bewegung des Quadrates verkörpert und repräsentiert die gesamte Philosophie und Theologie der Kabbala.

Auch sieht Ezechiel einen Engel, der dieses Zeichen auf die Stirn der Auserwählten oder in den Verstand der Priester und in die Doktrinen zeichnet. Und all diejenigen, die das Zeichen das Tau nicht tragen, müssen sterben, wie alle Doktrinen die nicht auf der Grundlage der ewigen Wahrheit errichtet sind.

Das Tau in modernem Hebräisch

Vereinigung der vier Buchstaben des Schemas.

Das hieratische Tau

Wie es auf alten israelischen Münzen gefunden wurde.

Das esoterische Tau

Wie es auf alten israelischen Münzen gefunden wurde.

Das heilige und das gewöhnliche Tau

Nach dem Rabbi Azarias.

Das gewöhnliche Tau
in einfachem Hebräisch

Nach den Manuskripten der vatikanischen Bibliothek.

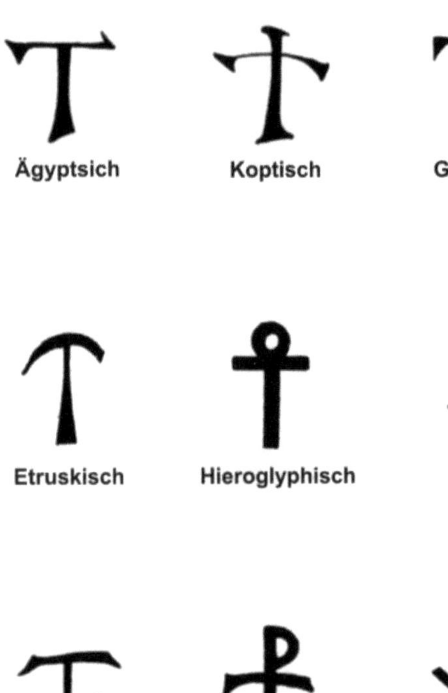
Ägyptsich
Koptisch
Griechisch
Etruskisch
Hieroglyphisch
Indisch
A
Ω
Magisch
Christisch
Ursprünglich

Der Prophet zeichnet seinen Plan für den Tempel der Zukunft und benutzt das Zeichen des heiligen Tau als Grundlage.

Die fünf letzten Kapitel seines Buches sind dieser Beschreibung gewidmet.

Der Tempel ist das Abbild des Universums, er entspricht dem Bild der Tiere und der Räder.

Der Prophet sagt, dass die Herrlichkeit des Herrn, wie er sie an den Ufern des Flusses Chobar gesehen hatte, ihm wieder erschienen war und als Vorlage gedient hat, um den Plan des neuen Tempels zu zeichnen.

Das philosophische Kreuz

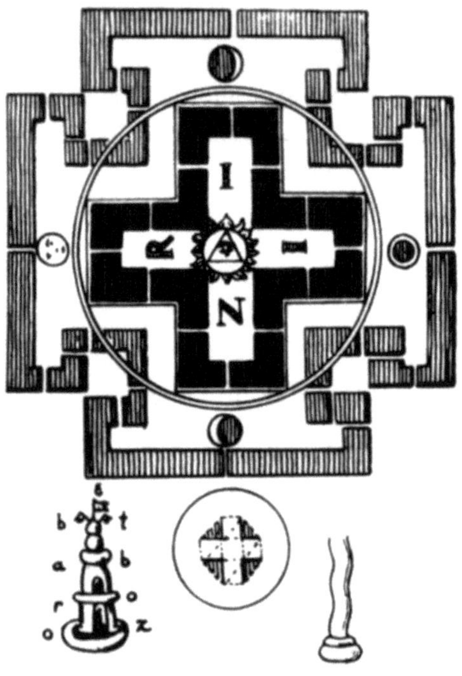

Der Plan des Tempels nach Ezechiel.

Ezechiel sah den Tempel als Prototyp des Universums, regiert durch die herrschende Theokratie des heiligen Landes.

Er sah, dass Judäa geteilt war, wie der Tempel und dass die Welt nach dem Bild von Judäa erschaffen wurde.

Das heißt, er kündigt das Erscheinen einer Hierarchie der Intelligenz und Wahrheit an, die alle Königtümer der Erde in einem Einzigen vereinen wird.

Der Tempel ist nach dem Bild des göttlichen Tetragramms gebaut und hat nur einen Raum, der viele bildet, immer in Kombinationen zu vier.

Die äußere Form des Raumes ist ein Quadrat mit ausgesparten Ecken; der innere Bereich ist kreisförmig.

Es gibt vier Tore und vier Fassaden.

Jede Fassade enthält drei große Räume, zwölf insgesamt, entsprechend der Zahl der Monate eines Jahres und der Zahl der Stämme Israels.

Der Tempel ist umgeben von einem Graben, gespeist von vier Quellen, eine unter jedem Tor, eine Erinnerung an die vier Flüsse, die das irdische Paradies bewässern.

Kapitel XL 18-25

Der Weg vor den Toren waren so breit wie die Tore hoch.

Und der Engel maß die Breite des Tores und es waren hundert Ellen von einer Seite zur anderen.

Und seine Räume, drei an eine Seite und drei an der Anderen und die Front und seine Galerie, jedes Tor in Übereinstimmung mit den Maßen des entsprechenden Tores.

Und die Fenster waren wie die anderen Fenster fünfzig Ellen lang und fünfundzwanzig Ellen breit.

Die Maße sind entsprechend und ähnlich an allen Seiten, unterteilt in fünfundzwanzig, fünfzig und hundert Ellen.

Bei diesen kabbalistischen Maßen finden sich Dinge, die in der Architektur nicht machbar sind, aber es handelt sich um ein Symbol und nicht um ein Gebäude.

Das Gebäude, zugleich religiös, wissenschaftlich und sozial ist die große vernünftige Einheit der Wahrheit, Realität, Vernunft und Gerechtigkeit in Übereinstimmung mit dem ewigen Sein und regiert durch den großen Architekten des Universums.

Der großartige Plan, der immer von den menschlichen Leidenschaften abgelehnt wurde, wurde bewahrt in den geheimen Gesellschaften der Eingeweihten der hohen Kabbala und befindet sich heutzutage in den Symbolen der Freimaurer, die dieses Emblem von den Johannitern und den Templern erhielten.

Es wird als philosophisches Kreuz bezeichnet und wir haben eine genaue Abbildung davon.

Wir haben gesehen, dass das erste Dreieck, das von Salomon, ein Dreieck mit der Spitze nach oben darstellte.

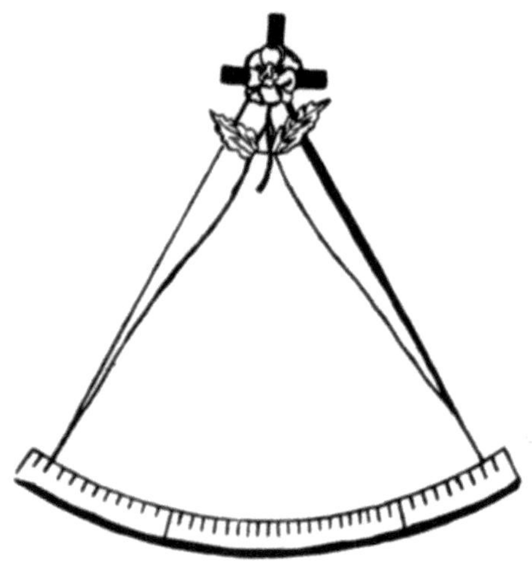

Symbol, das dem freimaurischen Zirkel entspricht, ein Bild der Vorsehung, deren Gesetze so exakt sind wie die Zahlen und so präzise wie die Geometrie.

Neue Form des freimaurerischen Schmucks, ähnlich dem berühmten Pentagramm, bekannt als das Siegel Salomons.

Der Schmuck des Meisters in der hohen Freimaurerei.

Ezechiel gibt seinem neuen Tempel die Form eines umgekehrten Dreiecks, ein ähnliches Symbol wie der freimaurerische Winkel, ein Bild der wahren Erkenntnis, das in allen Punkten mit der göttlichen Genauigkeit übereinstimmt.

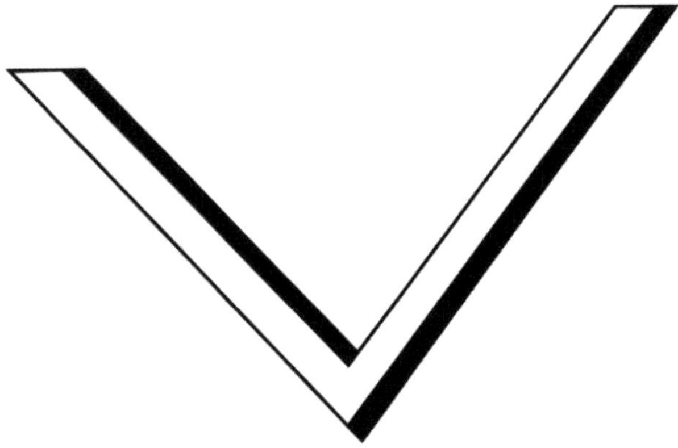

Auf diese Weise ist die hieroglyphische Form des alten Tempels mit dem Neuen verbunden.

Der Eingang von Ezechiels Tempel, nach den freimaurerischen Dokumenten.

Die Prophezeiung von Ezechiel ist die Arbeit eines Reformators, die man heutzutage als Gedicht der Palingenese bezeichnet.

Der Autor enthüllt zuerst die Mysterien der Schöpfung; er beschreibt die ausgeglichenen Kräfte der Natur und entwickelt dann die kabbalistische Theorie des göttlichen Ideals, konzipiert nach dem Bild und der Ähnlichkeit der Mysterien der Natur.

Die Physik, die Metaphysik und die Religion des Propheten gründen sich aufeinander und bilden eine prächtige Einheit des Lichtes.

Die Formen der stellaren Tiere, die Räder, die sich ineinander drehen, die Sphären der Herrlichkeit im Gleichgewicht gehalten durch die Sphären des Feuers; all das ist zugleich feststehend und in Bewegung, all das ist von einer schwindelerregenden Tiefe.

Der Prophet verflucht dann sieben Mal die Frevel der Erde und beschreibt den Materialismus, in den die offizielle Religion gefallen ist. Er protestiert gegen die Idolatrie, er beschreibt mit schrecklicher Intensität die Prostitution der gefallenen Kirchen, dann aber tröstet er diejenigen, gegen die er die Stimme erhoben hat.

Aus der Tiefe der Schatten des Todes lässt er einen neuen Funken des Lebens entstehen. Er sieht die gesamte Welt als riesiges Grab, das die Wiege eines neuen Volkes werden wird.

Das Wort wird gehört; der Atem des Lebens kommt aus den vier Ecken des Himmels herab und eine menschliche Ernte bebt vor Freude und öffnet die Augen zur ewigen Helligkeit.

Nun beeilten sich die Zerstörer, den die Erde musste bereinigt werden. Das alte Heiligtum ist voller Idole, ein erschreckendes Schauspiel. Hier sind die Einebner aus Assyrien; der Tempel wird zerstört, aber der Geist der Zukunft hat den Plan eines neuen Tempels im Himmel entwickelt.

Ehre sei Gott in der Höhe und Friede auf Erden den Menschen guten Willens.

Durch die Prophezeiung von Ezechiel verbindet sich die hohe Theologie der Hebräer mit dem Christentum.

Sie dient als Model und Grundlage für die Offenbarung des Johannes, die, wie die Embleme der Kabbala, die tiefsten Geheimnisse der christlichen Theologie verbirgt.

Der heilige Johannes will uns nicht, wie Ezechiel die Mysterien der Schöpfung erzählen. Was er uns darlegt, ist der vollkommene Mensch, der Mensch des Lichtes, das fleischgewordene Wort, der Schöpfer der moralischen Welt.

Es ist das Wort, die Wahrheit, die ihm das Verständnis des kabbalistischen Himmels von Ezechiel gibt.

Nach und nach wird er den Propheten von Chobar folgen. Nachdem er die sieben Lichter der heiligen Zahlen, die die sieben christlichen Tugenden sind, gezeigt hat, wird er die sieben Zahlen, die die Todsünden sind, symbolisiert durch die sieben Siegel des Buches und die sieben Köpfe der Bestie, angreifen.

Er wird den sieben Posaunen, die den Triumph der Wahrheit verkünden Gehör verschaffen. Er wird sehen, wie die sieben heilenden

Schalen ausgegossen werden, die die Krankheiten der alten Welt heilen werden. Dann erscheinen Sonne und Mond des neuen Himmels und der neuen Erde, die Menschen und die Gesellschaft, Jesus Christus und seine Kirche, die solaren Engel und die Frau, die den Mond unter ihren Füssen hat.

Gegen diese Frau wird die Bestie mit den sieben Köpfen entfesselt, die Sünde mit ihren wilden Instinkten und die Bestie scheint für einen Moment siegreich zu sein.

Der heilige Johannes sieht die bösartige Gesellschaft in der Form einer Prostituierten, die auf der Bestie ruht und mit vielen Diademen geschmückt ist.

Aber sobald das Wort der Wahrheit triumphiert, hört man eine Stimme ausrufen:

Babylon die Große ist gefallen!

Die Verderberin der Nationen!

Der heilige Johannes beschreibt das schreckliche Bild der letzten gesellschaftlichen Katastrophe, dann zeigt er uns das neue Jerusalem, das vom Himmel zu Erde herunterkommt, damit Gottes Wille sowohl auf der Erde als auch im Himmel erfüllt wird.

Die Beschreibung dieses neuen Jerusalems ist ähnlich wie die des Tempels von Ezechiel.

Es ist die Darstellung der absoluten und universellen Wahrheit. Es ist der Schlüssel aller Wissenschaften und der Religion, die hieroglyphische Synthese aller Errungenschaften des menschlichen Geistes.

Teil II

Die Apokalipse oder die Offenbarung des Johannes

In principio erat Verbum et Verbum erat....

Vorwort des Apostels

Hier die Offenbarung von Jesus Christus.

Die Gott ihm gegeben hat, dass sie denjenigen, die ihm dienen enthüllt werden.

Über die Dinge, die bald geschehen werden.

Alles wurde durch Zeichen und Symbole gezeigt.

Die Botschaften des Engels für Johannes, Gottes Diener.

Der Zeuge des Wortes ist (oder Märtyrer des Wortes), Zeuge des Martyriums Jesu Christi und der erzählt, was er gesehen hat und was er verstanden hat.

Glücklich ist der, der die Worte dieser Prophezeiung liest und versteht und in seinem Herzen die Dinge bewahrt, die angekündigt werden.

Denn die Zeit vergeht schnell und der Tag der Abrechnung ist nahe.

Die sieben Kirchen oder die sieben Engel

Kapitel I

Johannes an die sieben Gemeinden in Asien, Gnade sei mit euch und Friede im Namen dessen, der ist und der war und der kommen wird.

Der Name Johannes bedeutet fromm, voller Gnade, barmherzig.

Es ist ein angemessener Name für den Apostel der Barmherzigkeit.

Die sieben Kirchen von Asien stellen die sieben aufeinanderfolgenden Zustände der universellen Kirche dar.

Und von den sieben Geistern vor seinem Thron.

Die sieben Geister sind die Intelligenzen der Siebenheit.

Die göttliche Essenz ist jenseits jeder Zahl und jeder Form; sie ist jene, die ist, die war und die sein wird.

Aber wir können diese Essenz darstellen als Einheit, die den Kräften eine Richtung gibt, das Prinzip des Gleichgewichts, das durch das Dreieck symbolisiert wird.

Das Gleichgewicht an sich ist sich selbst gleich.

Die Höhe gleicht der Tiefe.

Die Breite zur Rechten ist gleich der Breite zur Linken.

Diese Proportionen werden symbolisiert durch das Kreuz und das Quadrat, dessen Zahl vier ist.

Drei und vier ergeben sieben.

Drei multipliziert mit vier ergibt zwölf.

Und durch Jesus Christus, dem treuen Zeugen.

Der Erstgeborene der Toten, der Herrscher über die Könige der Erde.

Denn er war der Erste, der ewige Wiedergeburt durch ein absolutes Opfer erreichte.

Der, der uns liebt und uns von unseren Sünden erlöst hat durch sein Blut und uns zu Königen und Priestern Gottes, seines Vaters machte.

Der vollkommene Mensch, eingeweiht in die wahre Wissenschaft ist Priester und König auf Erden.

Ihm sei die Herrlichkeit und die Macht in den Jahrhunderten der Jahrhunderte.

Die göttliche Macht wird ewig im Gleichgewicht gehalten durch die Gerechtigkeit und Gnade, durch die Kraft und die Liebe, die in einem einzigen Wort vereint sind: die Barmherzigkeit.

Siehe, er kommt mit den Wolken.

Hier ist die Doktrin, noch verhüllt durch die Schatten des Symbolismus.

Und jedes Auge wird ihn sehen, auch die, die ihn gekreuzigt haben.

Aber später werden selbst die Juden verstehen.

Und er wird von allen Rassen der Erde betrauert werden.

Ich bin das Alpha und das Omega, spricht Gott, der Herr, der ist und der war und der kommt, und der היהי sein wird, der Allmächtige.

Das erste Siegel

Das Siegel des heiligen Johannes

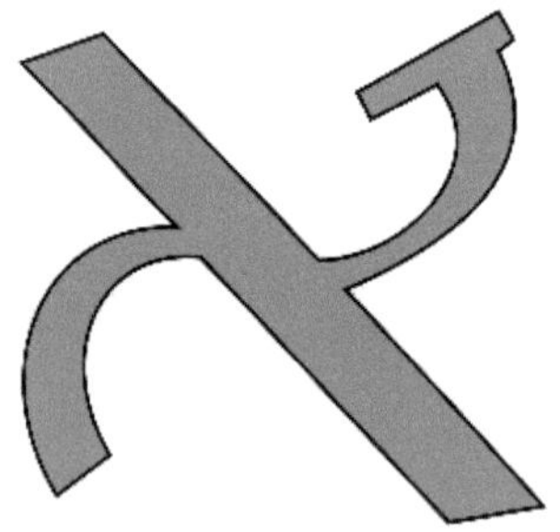

Ich Johannes, eure Bruder und Gefährte im Leid und in der Königsherrschaft, wurde gemartert auf der Insel Patmos, um des Wortes Gottes willen und des Zeugnisses für Jesus.

Am Tag des Herrn wurde ich vom Geist ergriffen und hörte hinter mir eine Stimme, laut wie eine Posaune. Sie sprach: Schreib das, was du siehst, in ein Buch und schicke es an die sieben Gemeinden in Asien.

An Ephesus: Die Kirche des ersten Zeitalters.

An Smyrna: Die Kirche des zweiten Zeitalters.

An Pergamon: Die Kirche des dritten Zeitalters.

An Thyatira: Die Kirche des vierten Zeitalters.

An Sardes: Die Kirche des fünften Zeitalters.

An Philadelphia: Die Kirche des sechsten Zeitalters.

An Laodicea: Die Kirche des siebten Zeitalters.

Die sieben Zeitalter entsprechen den sieben Engeln, den sieben Leuchtern, den sieben Sternen, den sieben Siegeln, den sieben Schalen, den sieben Posaunen und den sieben Köpfen der Bestie.

Jedes Zeitalter beinhaltet dreieinhalb Jahrhunderte, eine Zeit, zwei Zeiten und die Hälfte einer Zeit. Die Manifestation des Evangeliums soll vierundzwanzigeinhalb Jahrhunderte dauern. Die

Zahl der vierundzwanzig Ältesten und ein Teil. Zweieinhalb Tage, wenn man tausend Jahre pro Tag zählt. Der dritte Tag wird der Tag der Auferstehung sein.

Da wandte ich mich um, um die Stimme zu sehen, die zu mir sprach.

Das symbolische Wort enthält eine mysteriöse, indirekte Bedeutung, man muss sich umwenden, um es zu sehen.

Und ich sah sieben goldene Leuchter.

Gold ist das vollkommenste Metall, symbolisch entspricht es dem Licht und der Wahrheit. Sieben ist die heilige Zahl, die schon zuvor erklärt wurde.

Und mitten unter den Leuchtern einer, der dem Menschensohn ähnlich war.

Der Mensch ist der Inbegriff der Schöpfung und sein Abbild wurde hier benutzt als Inbegriff des Lichtes.

Bekleidet mit einem langen Gewand und mit einem goldenen Gürtel um die Brust.

Das Gewand, das ihn bedeckt, ist der Symbolismus, dessen Genauigkeit durch den goldenen Gürtel dargestellt wird.

Und sein Haupt und seine Haare waren weiß wie weiße Wolle, wie Schnee.

Weiß ist die Farbe des Lichtes, die Strähnen der Haare sind wie die Strahlen der Gedanken.

Und seine Augen wie Feuerflammen.

Die Augen sind die Leiter des Lebens und der Wärme.

Die Beine glänzten wie Golderz, das im Schmelzofen glüht.

Die Fortschritte, die die Doktrin auf der Erde reinigen.

Und die Stimme war wie das Rauschen von Wassermassen.

Das Wort der Wahrheit bildet die Meinung der Massen. Große Strömungen von Meinungen ändern die Gläubigen.

In seiner rechten Hand hielt er sieben Sterne

Die sieben Planeten des kabbalistischen Himmels.

Und aus seinem Mund kam ein zweischneidiges Schwert.

Das symbolische Wort hat immer zwei Bedeutungen.

Und sein Gesicht war wie die Sonne, wenn sie in all ihrer Herrlichkeit strahlt.

Das Gesicht ist die Gesamtheit einer Person und stellt deshalb die Synthese der Wahrheit dar.

Das zweite Siegel

Der Himmel und das Buch

Kapitel IV

Ein Thron war errichtet im Himmel und auf dem Thron saß einer.

Und der, der dort saß hatte das Aussehen eines Steines aus Jaspis und Karneol.

Die menschliche Gestalt verschwand aus dem Himmel, nachdem das inkarnierte Wort auf die Erde kam. Das, was die Juden als Idolatrie betrachten, ist nichts anderes als die Transformation von Symbolen.

Ein Regenbogen umgab den Thron wie ein Gürtel aus Smaragden.

Grün ist Hauptfarbe des christlichen Regenbogens, weil es die Verbindung von zwei Gesetzen und von zwei Farben ist.

Und rings um den Thron standen vierundzwanzig Throne und auf den Thronen saßen vierundzwanzig Älteste.

Die zwölf Patriarchen und die zwölf Apostel, die vierundzwanzig Punkte, aus denen der kabbalistische Name Jehovas zusammengesetzt ist.

Das dritte Siegel

Der offene Himmel

Die vier Tiere, der Stein aus Jaspis, die 24 Ältesten, usw.

Das Hamphorash Schema oder die Analyse des göttlichen Namens.

Und in der Mitte des Thrones und rings um den Thron waren vier stellare Tiere.

Alle Kräfte sind doppelt. Sie sammeln sich in der Mitte der Welt und strahlen zu den vier Himmelsrichtungen.

Die stellaren Tiere, die diese Kräfte darstellen, sind die Konstellationen Wassermann und Adler, Löwe und Stier, die den Tierkreis in vier Abschnitte teilen.

Und ich sah auf der rechten Hand dessen, der auf dem Thron saß, ein Buch, das mit sieben Siegeln versiegelt war.

Das Buch war innen und außen beschrieben.

Die heilige Schrift hat eine doppelte Bedeutung, eine esoterische und eine exoterische.

Ein innerliche und eine äußerliche Bedeutung.

Aber niemand konnte das Buch öffnen oder es sehen.

Die Geheimnisse der göttlichen Kabbala sind verloren und die mysteriöse Bedeutung der Schriften ist sowohl der Priesterschaft als auch dem Volk verborgen.

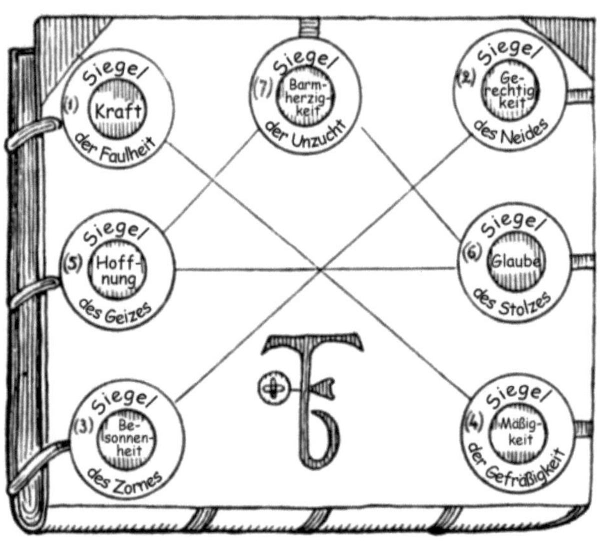

Das Buch der Wahrheit mit seinen sieben Siegeln

Und er kam und nahm den Löwen gefangen.

Indem der Christus das Gesetz erfüllt hat, wurde er Herr des Gesetzes. Er zerstörte die Laster und die Unwissenheit, die das Buch versiegelten, und öffnete nacheinander die sieben Siegel.

Und als das erste Siegel geöffnet wurde, sagte das erste Tier zu mir: Komm und sieh.

Und es kam ein weißes Pferd heraus und der auf ihm saß hatte einen Bogen und eine goldene Krone.

Er befreit die Menschheit aus ihrer Erstarrung, indem er die moralische Kraft offenbart und erscheint als König und Eroberer.

Als das zweite Siegel geöffnet wurde, sagte das zweite Tier zu mir: Komm und sieh.

Und heraus kam ein rotes Pferd und der Reiter war mit einem großen Schwert bewaffnet.

Die Gerechtigkeit erscheint in der Welt, ihre Botschaft ist Krieg zu erzeugen, die großen Revolutionen bereiten sich vor, dies sind die Invasionen von Attila.

Dann sagte einer der Ältesten zu mir: Weine nicht.

Es war der, der nahe dem symbolischen Löwen war.

Hier ist der Löwe von Judäa.

Das heißt, hier ist die Kraft der königlichen Familie von Israel.

Und ich sah in der Mitte des Himmels ein Lamm:

Die göttliche Kraft unter der Herrschaft des Evangeliums manifestiert sich durch Sanftmut und Aufrichtigkeit.

Es sah aus wie geopfert.

Der Erretter opfert sich für alle und schafft durch das Blut seines eigenen Opfers die Blutopfer ab.

Es hatte sieben Hörner und sieben Augen, die die sieben Geister sind.

Die sieben Hörner stehen für die Kraft aller Tugenden, die sieben Augen sind der Glanz der sieben Lichter.

Als das dritte Siegel geöffnet wurde, sagte das dritte Tier zu mir: Komm und sieh.

Und da kam ein schwarzes Pferd heraus und der auf ihm saß hatte eine Waage.

Als das vierte Siegel geöffnet wurde, sagte das vierte Tier zu mir: Komm und sieh.

Und es kam ein weißes Pferd heraus.

Und der auf ihn saß wurde Tod genannt und die Hölle folgte ihm.

Die Orgien der alten Welt riefen Hungersnöte hervor.

Die Mäßigkeit ist das Heilmittel für diese Plage.

Wein und Öl werden sehr geschätzt, d. h., es bleibt ein Heilmittel für Wunden in der Religion, das Trost spendet.

Dann triumphieren die christlichen Helden durch die Süße des Zornes und des Todes.

Tod und Hölle sind die letzten Schrecken der Menschen, die letzten Feinde, die durch die Kraft des Erretters besiegt wurden.

Das vierte Siegel

Als das Lamm das fünfte Siegel öffnete, sah ich unter dem Altar die Seelen aller, die getötet worden waren wegen des Wortes und wegen des Zeugnisses, das sie abgelegt hatten.

Hier wird die Solidarität der Seelen offenbart.

Die Gerechten können nicht ausruhen, solange nicht Gerechtigkeit erreicht wurde.

Die Heiligen werden keinen Trost und kein Glück finden, solange ihre Brüder auf Erden nicht glücklich sind.

Und mit lauter Stimme riefen sie aus:

Wie lange zögerst du noch, Herr, du Heiliger und Wahrhaftiger, Gericht zu halten und unser Blut an den Bewohnern der Erde zu rächen?

Die Schmerzen des Himmels

Die Seelen der Martyrer

Da wurde jedem von ihnen ein weißes Gewand gegeben.

Die Gerechten leiden mit uns; aber sie haben den Beweis für ihre Unschuld und der Triumph der Gerechtigkeit ist ihnen sicher.

Und ihnen wurde gesagt, sie sollten noch kurze Zeit warten, bis zur Vollendung des Martyriums ihrer Brüder, die sie noch sterben müssen wie sie.

Nach dem Kampf des freien Bewusstseins gegen die Verfolgung wird der Kampf der menschlichen Würde gegen Gewaltherrschaft kommen, der Kampf der Ordnung gegen die Anarchie.

Solange das Christentum nicht vollkommen verwirklicht ist auf Erden müssen die Märtyrer warten und können nicht den Frieden und das Glück des Himmels genießen.

Und als er das sechste Siegel öffnete.

Da entstand ein gewaltiges Beben. Die Sonne wurde schwarz wie ein Trauergewand.

Das Siegel des Stolzes ist gebrochen, der Glaube ist erneuert, der Himmel verändert sich, die alten Lichter verdunkeln sich.

Und der ganze Mond wurde wie Blut.

Das Blut der Märtyrer entehrt die alten Symbolismen.

Die Religion der antiken Welt ist befleckt durch die Grausamkeit der Verfolger.

Die Sterne des Himmels fielen herab auf die Erde.

Wie wenn ein Feigenbaum seine Früchte abwirft, wenn er geschüttelt wird.

Die Götter verschwinden; die Bilder mit dem die Alten den Himmel bevölkerten lösen sich auf.

Der Baum der Gläubigen wird geschüttelt und die verfaulten Früchte fallen auf die Erde.

Der Himmel verschwand wie eine Buchrolle, die sich zusammenrollt.

Das Buch der Natur schließt sich für eine Zeit, unbestimmte Schrecken verbreiten sich; man glaubt, dass das Ende der Welt nahe ist.

Und die Könige verbargen sich und sagten zu den Bergen: fallt auf uns und verbergt uns vor dem Blick dessen, der auf dem Thron sitzt und vor dem Lamm.

Der heilige Johannes sieht in den vier Himmelsrichtungen vier Engel, die die vier Winde halten.

Das heißt, das Symbol des Quartärs, das den Fluss des Lebens beherrscht.

Dann erscheint im Osten ein Engel, der das göttliche Siegel trägt, das Tau von Ezechiel, das Kreuz des Tempels und des Labarums und damit zeichnet er die Stirn aller Auserwählten, symbolisiert durch die zwölf Stämme Israels.

Zwölftausend von jedem Stamm sind mit diesen Zeichen gezeichnet, das wie die Taufe der Einweihung und die Salbung der Wahrheit ist.

Das sechste Siegel

Die schwarze Sonne, der blutige Mond und die fallenden Sterne.

Das sind die Apostel der Welt, nach ihnen kommt eine zahllose Menge aller Nationen, der Himmel öffnet sich der ganzen Menschheit, geläutert durch großes Leid.

Das Elend ist besiegt, die Barmherzigkeit triumphiert, die universelle Barmherzigkeit hat die Ketten zerbrochen und die Mauern umgestürzt, alle sind in Weiß gekleidet, der Farbe von Einheit, Licht und Reinheit, die Rettung der Welt ist vollendet.

Und wenn das siebte Siegel sich öffnet, herrscht Stille im Himmel.

Siebtes Siegel

Die Vollendung

Gott ruht, nachdem er die Menschheit zum zweiten Mal erschaffen hat.

Der Mond zwischen den sieben Planeten,
nach einer Münze der Kaiserin Faustina.

Die erste Posaune

Der Engel Michael

⊙ Sonntag

Die sieben Posaunen

Kapitel VIII

Und ich sah sieben Engel vor dem Thron Gottes stehen.

Das heißt, die sieben intelligenten Kräfte, die die heiligen Zahlen drei und vier darstellen und die göttliche Siebenheit bilden.

Ihnen wurden sieben Posaunen gegeben.

Das heißt, jede Kraft muss seine herrliche Manifestation verwirklichen.

Der erste Engel, Michael, der Engel der Wahrheit, blies seine Posaune. Er macht das evangelische Wort bekannt und Hagel, vermischt mit Blut und Feuer fiel auf die Erde.

Stürme werden geschürt; Kälte und Wärme verbinden sich um die Harmonie zu bekämpfen und werden durch ihre Bemühung besiegt.

Und es verbrannte ein Drittel des Landes.

Wenn eine Form zerstört wird, überleben zwei.

Und ein Drittel der Bäume. Diese können der Kälte und der Hitze nicht standhalten.

Und alles grüne Gras. Alles, was völlig vergeht, ist nichts anderes als Unkraut, das sich täglich erneuert.

Die zweite Posaune

Der Engel Gabriel

☾ Montag

Der zweite Engel, Gabriel, Fürst der Mysterien blies seine Posaune. Er kündigte das neue Dogma an und etwas, das einem großen brennenden Berg glich, wurde ins Meer geworfen.

Das Dogma ist für die Nationen zugleich Stolperstein und Leuchtturm.

Und ein Drittel des Meeres wurde zu Blut.

Der Fanatismus ist entfacht, das Blut fließt. Das Blut der Märtyrer und der großen Opfer.

Und ein Drittel der Geschöpfe, die im Meer leben, kam um.

Das Meer repräsentiert die stürmischen, schwankenden Meinungen der Völker. Die Fische des Meeres sind die Ideen und die Institutionen, die von den Meinungen gebildet werden und leben. Diese Ideen und diese Institutionen sterben.

Und ein Drittel der Schiffe wurde vernichtet.

Die Schiffe sind die Zivilisationen und Völker. Wenn zwei in Konflikt geraten, muss eines der beiden sterben, aber das Gleichgewicht ist wiederhergestellt durch das universelle Gesetz der Dreiheit und es bleiben immer zwei um das Gleichgewicht zu halten.

Die dritte Posaune

Der Engel Raphael

☿ oder ✡ fallend wird zu [Symbol]

Der dritte Engel.

Raphael, Fürst der Wissenschaften, ist derjenige, dem die Attribute des Hermes durch das kabbalistische Buch von Tobias gegeben werden.

Er blies seine Posaune und ein brennender Stern, wie eine lodernde Fackel fiel vom Himmel auf ein Drittel der Flüsse und auf die Quellen.

Der flammende Stern fällt auf den Ursprung der Ideen, aber die Mysterien manifestieren sich nicht ohne Prüfungen.

Der Name des Sterns ist Bitternis und das Wasser wurde bitter und viele Menschen starben.

Die Einweihung ist notwendig und die Wahrheit muss in hierarchischer Ordnung gelehrt werden. Was den Starken Leben bringt, bringt den Schwachen Tod. Nicht alle können unterschiedslos mit demselben Brot genährt werden oder mit demselben Wein getränkt werden.

Jede Offenbarung hat ihre verhängnisvolle Seite, sie ist die Rettung für die Einen und der Untergang für die Anderen.

Die vierte Posaune

Der Engel Sachiel-Melech

Der vierte Engel.

Sachiel-Melech, König des Priestertums und der Imperien.

Er bläst die Posaune.

Er verkündet das neue Gesetz.

Da wurde ein Drittel der Sonne und ein Drittel des Mondes getroffen und ebenso der Sterne.

Die Lichter der Welt verändern sich.
Die besiegten Mächte sind verdunkelt.

Sodass ein Drittel der Sterne verdunkelt war und der Tag und der Nacht ein Drittel dunkler wurden.

Und ich sah und hörte die Stimme eines Adlers, der hoch am Himmel flog.

Das Symbol des Despotismus, der durch die Revolution siegt und neues Unglück auf der Welt verkündet.

Und rief mit lauter Stimme: Wehe! Wehe den Bewohnern der Erde, wegen der drei letzten Engel, die ihre Posaunen blasen werden.

Die letzten Prüfungen sind die Schrecklichsten, denn sie müssen wirksam und entscheidend sein.

Die fünfte Posaune

Der Engel Anael

♀

Dann der fünfte Engel.

Der Engel Anael, der den Planet Jupiter regiert und die Königreiche und Herrscher der Erde.

Er bläst seine Posaune.

Er verkündet die politische Wahrheit des Evangeliums, d. h., das Reich der Gerechtigkeit und der Bruderschaft.

Da sah ich einen Stern, der gefallen war.

Die menschliche Intelligenz ist durch den Stolz geschwächt.

Ihm wurde der Schlüssel zum Abgrund gegeben. Das heißt, die Macht durch verfängliche Worte Materialismus zu erzeugen.

Da stieg dichter Rauch aus dem Abgrund auf.

Der Zweifel verbreitet sich auf der Erde.

Aus dem Rauch kamen Heuschrecken

Das heißt, sinnlichen Freuden, die verschlingen und die der Materialismus zu Königinnen der Welt macht. Die Menschen befreien sich aus der Unterdrückung in Namen der Gerechtigkeit, aber sie suchen die Freiheit vor allem für ihre Laster.

Sie trugen goldene Kronen und ihre Gesichter waren wie Gesichter von Männern, ihr Haar war wie Frauenhaar.

Stolz, Bequemlichkeit, Verweichlichung.

Sie verursachen eine Todessehnsucht. Ihr Leiter ist der Engel des Abgrundes, der Engel der Vernichtung.

Die sechste Posaune

Der Engel Cassiel

Der sechste Engel.

Cassiel, der Engel des Saturn, der Engel der Einsamkeit und der Tränen.

Er blies seine Posaune.

Er gibt das Zeichen für die Revolutionen.

Und ihm wurde befohlen, die vier Engel zu befreien.

Die vier zerstörerischen Plagen.

Die bereitstanden für den Tag, die Stunde und den Monat.

Denn in der Natur geschieht nichts zufällig.

Um ein Drittel der Menschheit zu vernichten.

Das heißt, die Schwächsten in der hierarchischen Ordnung der Dreiheit.

Und die Zahl der Reiter war zwanzigtausend mal zehntausend; ich sah ihre Anzahl. Und ich sah in einer Vision die Pferde und die Reiter trugen Panzer in den Farben von Feuer, Hyazinth und Schwefel.

Das Feuer ist rot, der Schwefel gelb oder weiß, der Hyazinth violett oder blau, die drei Grundfarben.

Die Köpfe der Pferde glichen Löwenköpfen.

Wut und Kraft treiben auf verhängnisvolle Weise die Revolutionäre an.

Und aus ihren Mäulern schlugen Feuer, Rauch und Schwefel.

Alle Prinzipien vermischt, Dunkelheit, Licht und Hitze.

Ihre Schwänze glichen Schlangen, die Köpfe hatten, mit denen sie Schaden zufügen konnten.

Die Auswirkungen der Revolutionen sind verhängnisvoll und tödlich.

Und ich sah, einen anderen gewaltigen Engel, der aus dem Himmel herab kam.

Nach einer großen Revolution kommt eine große Offenbarung.

Er war von einer Wolke umhüllt.

Die Schatten der Symbolismen.

Ein Regenbogen stand über seinem Haupt.

Die universelle Analyse des Lichtes.

Sein Gesicht war wie die Sonne.

Die Synthese und die Einheit im Zentrum der Herrlichkeit.

Seine Beine waren wie Feuersäulen.

Die Kräfte der Natur, Grundlage der Offenbarung.

Er setzte einen Fuß auf das Land und den Anderen auf das Meer.

Um die beständige und die bewegliche Kraft darzustellen.

Und rief laut, so wie ein Löwe brüllt.

Siebte Posaune

Das religiöse Wesen des Mannes

Der inspirierende Engel

Große Figur des ewigen Lichtes der Eigenschaften der Sonne und des Mannes – die Synthese der Einheit, auf die die sieben Stimmen der Analyse antworten.

Die sieben Donnerschläge antworteten ihm.

Die sieben Stimmen der Natur antworten auf das Wort der Einheit, ausgesprochen durch die Kraft oder die siegreiche Macht der Finsternis.

Das heißt, alle Wahrheiten, in der Analyse verstreut und versammelt in der Einheit der Synthese.

Hier ist die große Figur des direkten Lichtes der Attribute der Sonne und des Mannes und auf der folgenden Seite die Figur des reflektierten Lichtes der Attribute des Mondes und der Frau.

Beim Mann ist es der Kopf, der denkt, bei der Frau ist es der Bauch, denn ihre ganze Herrlichkeit liegt in der Mutterschaft.

Dann wurde mir ein Messstab gegeben, der aussah wie ein Stock, und mir wurde gesagt: Geh, miss den Tempel Gottes!

Der Tempel und seine Maße sind allegorisch.

Und den Altar.

Er ist proportional zum Tempel, alles ist genau bei den göttlichen Symbolen.

Und die Gläubigen.

Diese Maße entsprechen denen des Menschen und repräsentieren die Menschheit.

Den Hof lass aus und miss ihn nicht, denn er ist den Nationen überlassen.

Der Hof ist die äußere Form, die gewöhnliche Art der Verehrung.

Ich werde das Wort meinen beiden Märtyrern geben.

Elias, der Märtyrer des Himmels, Enoch der Märtyrer der Erkenntnis.

Elias ist der Geist des rechtmäßigen Protests gegen den Despotismus der böswilligen Priester und Könige, der Geist des Heiligen Bernhard und des Savonarola.

Enoch stellt die kabbalistische Wissenschaft dar.

Denn die ursprünglichen Schlüssel des Okkultismus, die heiligen Buchstaben und die hieratischen Zahlen sind diesem Patriarchen zugeordnet.

Der Tempel Gottes wurde geöffnet und die Bundeslade wurde sichtbar.

Das Verständnis der Symbole wurde dem Propheten gegeben.

Und ich sah eine Frau, mit der Sonne bekleidet.

Die Religion oder die Kirche repräsentiert die unerschaffene Weisheit.

Und der Mond war unter ihren Füßen.

Sie ist über dem, das sich verändert.

Die siebte Posaune

Das religiöse Wesen der Frau

Das große Bild des reflektierten Lichtes der Attribute des Mondes und der Frau.

Und ein Kranz von zwölf Sternen auf ihrem Haupt.

Ihre Gedanken sind in der Mitte der himmlischen Bewegung, in der Mitte des Tierkreises.

Sie war schwanger und schrie vor Schmerz in ihren Geburtswehen.

Jede Religion gebiert neues Wissen und eine neue Welt.

Das ist der Grund des Opfers, der Buße und ihrer Strenge, der Verkündigung und ihrem eloquenten Geschrei.

Und ich sah ein anderes Symbol.

Das der instinktiven und brutalen Kraft.

Und ein großer roter Drache, mit sieben Köpfen und zehn Hörnern und mit sieben Diademen auf seinen Köpfen.

Die sieben Köpfe sind die Todsünden, die zehn Hörner sind die Ungehorsamkeiten gegenüber den zehn Geboten Gottes, die sieben Diademe sind die Siege der Sünde in den menschlichen Einweihungen.

Und er stand vor der Frau, um ihren Sohn zu verschlingen, sobald er geboren war.

Das Böse greift die Frau an, wegen ihrer Schwäche und doch ist sie heilig, weil sie Mutter werden soll.

Und sie gebar einen Sohn, der über alle Völker mit eisernem Zepter herrschen wird.

Die Frau ist die Mutter Gottes in der Menschheit.

Sie ist Königin Mutter der Welt.

Was über sie gesagt wird, kann auch über die Gesellschaft und die Kirche, die sie repräsentiert gesagt werden.

Und es entbrannte im Himmel ein Kampf.

Die Überzeugungen der neuen Welt werden gegen die der alten Welt kämpfen.

Die Bestie oder der brutale Instinkt.

Und der Drache wurde auf die Erde geworfen.

Die Idole der alten Welt repräsentieren die unheilvollen Kräfte der Natur.

Das elektromagnetische Feuer wird in allen Theogonien durch die geflügelte Schlange oder den Drachen repräsentiert.

Diese Kraft wird nicht mehr als das erste Prinzip angesehen und fällt zurück in den Bereich der Materie.

Und er verfolgte die Frau.

Und bleibt weiterhin elektromagnetischen Einflüssen unterworfen.

Aber der Frau wurden die beiden Flügel des großen Adlers gegeben.

Der Frau wurde das Gebet gegeben und die Macht sich über die Gedanken zu erheben, weit über die magnetischen Fatalitäten ihrer beeindruckbaren und nervösen Beschaffenheit.

Und er öffnete sein Maul und spie einen Strom von Wasser aus, um die Kinder der Frau zu verschlingen.

Die falschen Doktrinen, die aus der ungeordneten Vorstellungskraft geboren wurden und die dazu neigen, alles in den Mystizismus oder die Fatalität zu absorbieren.

Aber die Erde öffnete sich und verschlang den Strom.

Was von der Erde kommt, kehrt zur Erde zurück und die Doktrinen des Todes werden früher oder später zum Tod zurückkehren, der ihnen nur eine vergängliche Existenz gegeben hat.

Und die Gefahr hielt inne am Rande des Meeres.

Die materialistischen und fatalistischen Doktrinen, ebenso wie alle Mächte des Bösen halten vor den Tiefen der Unermesslichkeit inne.

Das verdorbene Priestertum.
Der Prediger des Satans.

Das zeitliche Imperium der Bestie.
Die Verwirklichung der Synthese des Bösen

Und ich sah: Eine Bestie stieg aus dem Meer, mit zehn Hörnern und sieben Köpfen.

Und hier aus dem Abgrund der Zeiten erhebt sich das letzte universelle Imperium, das antichristliche Königreich, das der Herrschaft des Messias vorausgehen wird.

Die Bestie, die ich sah, glich einem Leopard.

Sie sah aus wie England.

Ihre Füße waren wie die Tatzen eines Bären.

Sie ging wie Russland.

Ihr Maul war wie das Maul eines Löwen.

Das heißt, ihr einziges Gesetz war der unersättliche Hunger nach Macht.

Hier ist die Synthese und Vereinigung der vier symbolischen Tiere von Daniel.

Die Vision von Daniel.
Die vier Gestalten der höllischen Sphinx.

Eines ihrer Köpfe war tödlich verwundet; aber wurde geheilt. Und die ganze Erde staunte und verehrte den Drachen, weil er seine Macht der Bestie gegeben hatte.

Eines der großen antichristlichen Imperien wird an die Macht kommen, nachdem es geschwächt wurde.

Vielleicht die Türkei oder Österreich, und die Welt wird die Ressourcen der materiellen Macht bewundern.

Und es wurde ihr erlaubt, sich gegen die Heiligen zu erheben. Und sie wurde verehrt von all denjenigen, deren Namen nicht geschrieben wurden ins Buch des Lammes, das geopfert wurde seit Anbeginn der Zeit.

Der Charakter der Endzeit wird die Missachtung aller Sünden und aller inneren Religionen sein.

Die erhabenen Eigenschaften werden Ziel aller Arten von Spott und Hohn, nur materielle Werte werden verehrt.

Das mysteriöse Lamm.
Der solare Widder: Bild der neuen Offenbarung.
Die Wahrheit und die Sanftmut. Die Hostie des Opfers

Wer Ohren hat zu verstehen, so höre und verstehe er.

Wer Sklaven gemacht hat, wird Sklave werden.

Wer mit dem Schwert getötet hat, wird mit dem Schwert getötet werden.

Das ist der Glaube der Heiligen und deshalb leiden sie mit Geduld.

Entsprechend dem unveränderlichen Gesetz des Gleichgewichts verursachen alle Exzesse gegenteilige Exzesse, das Böse wird durch das Böse bestraft, Gewalt verursacht Gewalt.

Das Verbrechen bringt die Strafe mit sich und der Unterdrücker wird früher oder später unterdrückt werden.

Wer Verstand hat, berechne die Zahl der Bestie, denn es ist die Zahl des Menschen und seine Zahl ist sechshundertsechsundsechzig.

Sechs ist die Nummer der Tage der Woche, es ist die Zahl der Zeit sowie sieben die Zahl der Ewigkeit ist.

Sechs repräsentiert Gleichgewicht im Endlichen, drei ausgeglichen durch drei, d. h., die Seele im Kampf gegen die Materie.

Die alten Kabbalisten erkannten drei spirituelle Elemente in der menschlichen Seele an.

Psyche, Nephesch und Neschamah: das heißt, die sensitive Seele, die vernünftige Seele und der reine Geist.

Die drei Arten der Seele entsprechen drei Welten: der Materiellen, der Spirituellen und der Göttlichen und in der Materie haben sie ihre Entsprechung in drei elementaren ursprünglichen Formen: Salz, Schwefel und Quecksilber.

Die Nummer sechs wird in der Kabbala repräsentiert durch zwei Dreiecke, die das Siegel des Salomon bilden, wenn sie vereint werden durch ein gemeinsames Zentrum, das die Sieben repräsentiert, aber man kann nicht eine regelmäßige Figur bilden, wenn man ihr die Sieben als Zentrum nicht geben kann.

Wir wissen auch, dass der Maßstab des Anstiegs der Zahlen zehn ist, so repräsentiert die Nummer 666 die Nummer 6, die Nummer des Antagonismus zwischen Geist und Fleisch, die Nummer der Kreatur oder des Menschen, denn nach dem symbolischen Bericht der Genesis wurde der Mensch am sechsten Tag erschaffen. Diese Nummer bedeutet rationalisierter Materialismus, ein Materialismus errichtet auf Glauben und Religion.

Diese Nummer geschrieben in hebräischen Buchstaben gibt Samaon: der Böse; Samael: der Geist der Finsternis.

Und im Licht sah ich Intuition.

Und hier eine strahlende Wolke. (Ein transparentes Dogma.) *Auf der Wolke saß einer, der wie der Menschensohn aussah.*

Die menschliche Gestalt dient als hieroglyphisches Bild für die Vorstellung von Gott.

Mit einem goldenen Kranz auf dem Haupt und einer scharfen Sichel in der Hand.

Und ein anderer Engel kam aus dem Tempel und rief dem, der auf der Wolke saß, mit lauter Stimme zu: Schick deine Sichel aus, die Erde ist reif.

Der, der auf der Wolke saß, schleuderte seine Sichel über die Erde und die Erde wurde abgeerntet.

Die großen religiösen Manifestationen sind das Zeichen für große Kriege und große Revolutionen.

Und ein anderer Engel trat aus dem himmlischen Tempel. Auch er hatte eine scharfe Sichel.

Der Tempel, der im Himmel ist, ist die genaue Doktrin, repräsentiert durch den hieroglyphischen Plan des Tempels.

Diese Doktrin muss alle Irrglauben niedermähen.

Und ein anderer Engel, der die Macht über das Feuer hatte.

Die Wissenschaft des Feuers ist die praktische Seite des religiösen Okkultismus.

Und er schrie dem zu, der die Sichel hatte: sende die Sichel aus und ernte die Trauben vom Weinstock.

Das Dogma, das sich entwickelt, zeigt die Zeit der Ruinen.

Da schleuderte der Engel seine Sichel, erntete die Erde ab und warf die Trauben in die große Kelter des Zornes Gottes. Die Kelter wurde draußen vor der Stadt getreten und Blut strömte aus der Kelter; es stieg an, bis an die Zügel der Pferde, eintausendsechshundert Stadien weit.

Aber die Ruinen sind fruchtbar.

Der Prophet vergleicht sie mit der Ernte und der Weinlese.

Das Blut der Menschheit, wie auch das des Christus wird der Wein der Kommunion für die Menschen der Zukunft werden.

Die sieben Schalen

Kapitel XVI

Dann hörte ich, wie eine laute Stimme aus dem Tempel rief: Geht und gießt die sieben Schalen mit dem Zorn Gottes über die Erde.

Die Schalen mit Blut gehen den Schalen mit Wein voraus, jede neue Offenbarung der Wahrheit kündigt die Vernichtung der Fehler an. Man kann den Frieden nicht ohne Krieg erreichen.

Der erste Engel ging und goss seine Schale über das Land. Da bildete sich ein böses und schlimmes Geschwür an den Menschen, die das Kennzeichen des Tieres trugen und sein Standbild anbeteten.

Die Posaunen sind die regenerativen Organe des aktiven Wortes.

Die Schalen sind die Gefäße des passiven Wortes.

Die Posaune, der Stab und das Zepter entsprechen dem Buchstaben Iod, dem Ersten im Namen Jehovas. Die Schale entspricht den Buchstaben He, dem Zweiten des göttlichen Namens, die sieben Engel sind immer die Gleichen in verschiedenen Funktionen.

Die erste Schale

Michael verkündet die Herrlichkeit des einzigen Gottes.

Der zweite Engel goss seine Schale über das Meer. Da wurde es zu Blut, das aussah wie das Blut eines Toten; und alle Lebewesen im Meer starben.

Die Erde und das Meer sind hier in einer ausgewogenen Position. Erinnern wir uns, dass der große Engel der Synthese, das Symbol des universellen Wissens einen Fuß auf dem Land und den Anderen im Meer hat, wie die antike Isis, wie die Königin Bertha mit dem langen Fuß oder die Königin Pedauque des Mittelalters, deren Bein in einem Gänsefuß endet, um zu zeigen, dass sie auf Wasser stehen musste, da der Fuß mit Schwimmhäuten versehen war, wie der einer Ente oder eines Schwanes.

Das Wasser, gemäß der Physik der Antiken ist das universelle Vehikel des Lebens, es verwandelt sich in etwas Ähnliches wie das Blut eines Toten, um die Auflösung der Ideen zu demonstrieren, die den gesellschaftlichen Umwandlungen vorausgehen und die sogar die Elemente des Lebens in Symptome des Todes verwandeln.

Die zweite Schale

Der Engel des Meeres verkündet die Einheit des Lebens.

Der dritte Engel goss seine Schale über die Flüsse und Quellen. Da wurde alles zu Blut.

Die Flüsse und die Quellen repräsentieren die Meinungen und die aktuellen Ideen.

Der Fortschritt, dieses Gesetz der Vorsehung scheint sich in Zeiten der Revolution in eine höllische Fatalität zu verwandeln.

Alles löst sich in Zeiten der Auflösung auf.

Und ich hörte den Engel des Wassers sagen: Gerecht bist du, Herr, der du bist und der du warst, du Heiliger; denn damit hast du ein gerechtes Urteil gefällt.

Sie haben das Blut von Heiligen und Propheten vergossen; deshalb hast du ihnen Blut zu trinken gegeben, so haben sie es verdient.

Die dritte Schale

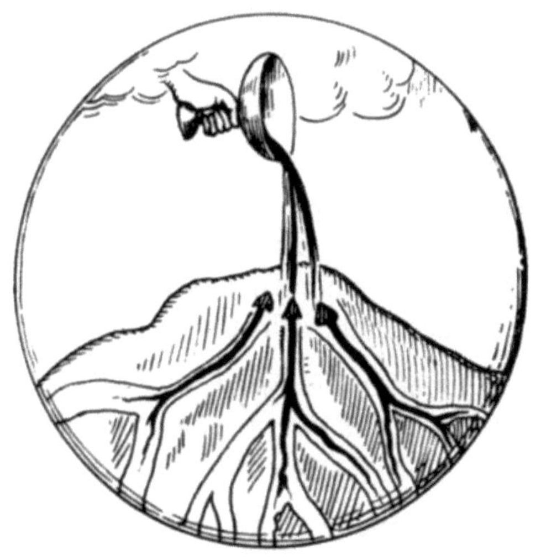

Der Engel Raphael verkündet die Einheit der Wahrheit.

Die Parteien schwächen sich gegenseitig durch Gewalt und rechtfertigen sich gegenseitig. Die Kinder der Märtyrer werden zu Verfolgern und erleiden blutige Vergeltung, so bereitet die Universalität der Fehler und Verbrechen den Weg für die Universalität der Buße und Vergebung. Die Juden vergossen das Blut Jesu Christi; die Christen ihrerseits vergossen das Blut Israels. Das Martyrium des Gottmenschen wird gesühnt durch das Martyrium des Volkes Gottes; denn Israel hat auch gesagt: Hier ist mein geliebter Sohn.

Und der vierte Engel goss seine Schale über die Sonne.

Das negative Wort wird über das Licht ausgeschüttet und der Zweifel überfällt die Welt, dieser Zweifel kommt nicht aus der Hölle, sondern vom Engel der Sonne selbst.

Und er hatte die Macht die Menschen mit extremer Hitze und brennender Atmosphäre zu quälen.

Die Wahrheit verbrennt, was sie nicht erleuchtet. Die Menschen können die Qualen des Zweifels nicht aushalten, denn die Abwesenheit des Glaubens ist für sie die Hölle.

Und sie verfluchten den Namen Gottes, der die Macht über diese Plagen hat. Aber sie bekehrten sich nicht und verehrten ihn nicht.

Die Menschen lästern, weil sie leiden; man leugnet Gott nicht, wenn man ihn kennt; man beleidigt ihn nicht, wenn man den Trost seiner Existenz fühlt; der Atheismus ist ein vergängliches

Fieber. Die Menschheit zerstört die Idole, aber sie kann nicht auf Gott verzichten. Jedoch ist es nicht unter dem Druck der Plagen, dass die Welt sich verändert, das Leid reinigt, aber es tröstet nicht, es zerstört das Böse, ohne das man sich besser fühlt. Er bereitet nur vor für das Gute, wie diese starken Stürme, die die Atmosphäre reinigen. Wenn Gott sich in all seiner unendlichen Barmherzigkeit zeigt, werden die Menschen nicht länger lästern.

Die vierte Schale

Der Engel der Sonne verkündet die Einheit des Lichtes.

Der fünfte Engel goss seine Schale über den Thron der Bestie und sein Königreich wurde finster.

Der Engel von Jupiter Sachiel Melek gießt die Verdammung über die Throne des vollkommenen Egoismus und verkündet das Urteil der Könige.

Und die Menschen zerbissen sich vor Schmerz die Zunge. Dennoch verfluchten sie den Gott des Himmels wegen ihrer Schmerzen und ihrer Geschwüre und sie zeigte keine Reue wegen ihrer Taten.

Die Ängste und der Meineid der Politik in den Zeiten der Kämpfe zwischen Völkern und Königen, die Lügen des käuflichen Journalismus und die beteiligten Foren, das sind die Menschen, die sich die Zungen zerbeißen, entsprechend der kraftvollen Sprache des Apostels. Sie sind sehr unglücklich und verfluchen Gott einerseits und wollen ihn anderseits als Instrument ihrer niederen Leidenschaften benutzen. Man kann nicht inmitten dieser Unruhen und dieser Wut die Reform erwarten, die der heilsamen Reue folgt. Die Wut korrigiert das Böse nur durch weiteres Böses. Deshalb kann nur das Opfer, das Opfer des Lammes, das freiwillige Opfer, das ergebe Opfer die Wut der Menschen besiegen und die Gerechtigkeit Gottes besänftigen.

Die fünfte Schale

Der Engel Sachiel Melek verkündet die Einheit der Macht.

Der sechste Engel goss seine Schale über den großen Strom, den Euphrat. Da trocknete sein Wasser aus, um den Königen, die von Osten kommen sollten, den Weg zu öffnen.

Erinnern wir uns an die vier Flüsse von Eden, die die vier Himmelsrichtungen und die vier elementaren Substanzen repräsentieren. Der Euphrat ist auch der Fluss der Gefangenschaft, das Wasser repräsentiert die Doktrinen und die Völker: ein Fluss, der austrocknet, ist eine Macht, die verschwindet.

Dann sah ich aus dem Maul des Drachen und aus dem Maul der Bestie und aus dem Maul des falschen Lammes oder dem Maul des falschen Propheten drei unreine Geister hervorkommen, die wie Frösche aussahen. Es sind Dämonengeister, die Wunderzeichen tun; sie schwärmten aus zu den Königen der ganzen Erde, um sie zusammenzuholen für den Krieg am großen Tag Gottes.

Die Bestie, d. h., das Reich der egoistischen und materialistischen Menschen und der Drache, d. h., die fatale Kraft, die die schlechten Leidenschaften erzeugt und das falsche Lamm, d. h., die materialistische Priesterschaft, gierig nach weltlichen Vorteilen, lassen ihre letzten Schreie hören. Es ist nicht länger das Wort der Menschen, sondern das lästige Quaken des Frosches, der sich über die Trockenheit des Flussbettes beschwert. Es ist nur der Lärm der falschen Verdienste und Wunder, um die Massen zu täuschen und aufzubringen, aber die Masse verlässt sie und lässt sie in der Wüste predigen.

Die sechste Schale

Der Engel Samael verkündet die Einheit der Gerechtigkeit.

Und der siebte Engel goss seine Schale in die Luft. Da kam eine laute Stimme aus dem Tempel, die vom Thron her rief: Es ist geschehen.

Manchmal sagt man »die Ideen liegen in der Luft«; es gibt tatsächlich einen Moment, indem wir sie fühlen, sie atmen. Man kann nur durch sie und mit ihnen glauben, also ist es geschehen, der Fortschritt ist verwirklicht, denn die Meinung ist gebildet und die Meinung ist die Königin der Welt.

Und es folgten Blitze, Stimmen und Donner; es entstand ein gewaltiges Erdbeben, wie noch keines gewesen war.

Die Blitze der Intelligenz, die Stimmen der Mengen, die Donner der Eloquenz lassen die Erde beben.

Die große Stadt brach in drei Teile auseinander und die Städte der Nationen stürzten ein.

Die siebte Schale

Der Engel des Saturn verkündet die Einheit des ewigen Reiches.

Die drei Stufen der Hierarchie sind nicht mehr vereint, die Flagge der Einheit trägt drei verschiedene Farben, die Schichten trennen sich und sozialer Antagonismus bildet sich.

Gott erinnerte sich an Babylon, die Große und reichte ihr den Becher mit dem Wein seines rächenden Zornes.

Alle Inseln verschwanden und die Berge waren nicht mehr. Und gewaltige Hagelbrocken, groß wie Silbertalente stürzten auf die Erde und die Menschen verfluchten Gott wegen dieser Plage; denn dieser Hagel war über die Maßen groß.

Die Anarchie erschüttert dann die Welt, aber Gott greift ein und bestraft die Menschen, indem er ihre Absichten vereitelt, der Hagel ähnelt einer Silbermünze.

Es ist tatsächlich die Frage des Geldes, die jede Begeisterung schwächt und alle Beteiligten unterwirft.

Kapitel XVII

Dann kam einer der sieben Engel, welche die sieben Schalen trugen, und sagte zu mir: Komm, ich zeige dir die Verurteilung der großen Hure, die an der Quelle der Gewässer sitzt. Denn mit ihr haben die Könige der Erde Unzucht getrieben und vom Wein ihrer Hurerei wurden die Bewohner der Erde betrunken.

Diese Hure, die die Protestanten zur römischen Kirche machen wollten, repräsentiert die Lüsternheit der alten Welt.

Sie ist die unreine Tochter von Babylon, die in Psalm 136 erwähnt wird, wo der Prophet die kleinen Kinder, das heißt, die unreinen Lieben, gegen den Stein der Zehn Gebote schmettern will.

Das ist die Venus Astarte des Orients, es ist das Rom der Cäsaren und der Borgias.

Aber nur aus dem moralischen Standpunkt und nicht in Bezug auf die Theologie.

Und er brachte mich im Geist in die Wüste.

In der Wüste, d. h., auf dem Gebiet der Abstraktion und jenseits aller göttlichen und menschlichen Intuition, wo diese Vision geschieht.

Und ich sah eine Frau, und nicht einen Papst oder einen König.

Auf einer roten Bestie sitzend, voller Namen der Lästerungen.

Die rote Bestie ist das prostituierte Königtum.

Mit sieben Köpfen und zehn Hörnern.

Die sieben Sünden und die zehn Lästerungen.

Und die Frau war in Purpur und Scharlach gekleidet und mit Gold, Edelsteinen und Perlen geschmückt.

Der Luxus ernährt die Ausschweifung und der unmoralische Reichtum ist nichts weiter als der Diener der Unreinheit; diese führt ihrerseits unweigerlich zur Idolatrie des Reichtums.

Sie hielt einen goldenen Becher in der Hand, der mit dem abscheulichen Schmutz ihrer Hurerei gefüllt war.

Der Becher symbolisiert das Aeis, das weibliche Organ, das passive Werkzeug der Ausschweifungen. *Auf ihrer Stirn war ein Name: Mysterium.*

Die Ausschweifung ist der Feind der Weisheit und der Freund des Wahnsinns, der alles anzweifelt und für den alles ein Mysterium ist.

Das ist Babylon die Große, die Mutter der Hurerei und aller Abscheulichkeiten der Erde.

Das ist etwas Universelles und nichts Bestimmtes.

Und ich sah diese Frau, betrunken vom Blut der Märtyrer.

Sie nutzt die Hingabe derer aus, die sterben.

Als ich sie sah, ergriff mich großes Erstaunen.

Sie erstaunt sowohl durch ihre Macht als auch durch ihre Niederträchtigkeit.

Der Engel aber sagte zu mir: Warum bist du erstaunt?

Ich will dir die Bedeutung der Frau der Bestie mit den sieben Köpfen und zehn Hörnern enthüllen, auf dem sie sitzt.

Der Engel bezieht diese Allegorie der universellen Unreinheit auf Rom selbst, aber es ist das Rom der Zeit des Johannes. Das heißt, das der Cäsaren und des Domitian; er predigt, dass es zerfetzt und verschlungen werden wird, von den Königen, die es verdorben hat, dass es vom Thron der Macht gestoßen wird und zu Trostlosigkeit und Elend verdammt werden wird. Es besteht kein Zweifel, dass diese Prophezeiung auch auf Rom und die Borgias angewendet werden kann, aber es ist das römische Gericht der abtrünnigen Kardinäle und nicht der unantastbare Hauptsitz des Heiligen Petrus, an die die Bedrohungen gerichtet sind.

Kapitel XVIII

Danach sah ich einen anderen Engel aus dem Himmel herabsteigen; er hatte große Macht und die Erde leuchtete auf von seiner Herrlichkeit.

Ein anderer Engel, d. h., eine neue Manifestation des Geistes der Wahrheit, steigt vom Himmel herab, d. h., von den Höhen der Intelligenz.

Und er rief mit gewaltiger Stimme: Gefallen, gefallen ist Babylon, die Große!

Die durch die Wahrheit aufgeklärten Geister verstehen, dass das Reich des Irrtums unmöglich geworden ist.

Der Sieg der Ungerechtigkeit ist immer der des Irrtums, und wenn die Nationen aufgeklärt werden, schaffen sie sofort die Sklaverei und die Tyrannei ab.

Man verändert die Welt nicht mit Feuer, sondern mit neuem Licht.

Dann hob ein gewaltiger Engel einen Stein auf, so groß wie ein Mühlstein; er warf ihn ins Meer und rief:

So wird Babylon, die große Stadt, mit solchem Lärm und solcher Wucht hinabgeworfen werden und man wird sie nicht mehr finden.

Hier wird das düstere und prächtige Bild der Zerstörung der alten Welt abgebildet, schon versinnbildlicht von Ezechiel, der den Untergang von Tyros beschrieben hat.

Die Unendlichkeit der Meere spiegelt die Rötungen der Brände, deren Rauch in den Himmel steigt, wie die schreckliche Gerechtigkeit durch die Jahrhunderte durch Macht und Herrlichkeit aufgestiegen ist; die Stadt der Bösen wird in den Abgrund der Schande und Verachtung gestürzt.

Die erschrockenen Könige erheben sich von ihren Thronen um den Schein dieses riesigen Scheiterhaufens zu sehen, entsetzte Schiffe halten auf dem Meer an, es scheint, als ob die ganze Natur schweigt, um das letzte Krachen dieses großen Reiches zu hören, das untergeht.

Babylon existiert nicht mehr.

Das ist, was mit ihr passiert ist; erst gestern war sie voller Trubel und Freude, ihre Laternen leuchteten in der Nacht, ihre Straßen waren beleuchtet, man hörte das Lachen der Orgien; die Kutschen fuhren mit Blumen geschmückt vorbei, begleitet vom Klang der Harfen und Trompeten.

O weh, rief der Prophet, als er ob er selbst von der Promptheit und Unermesslichkeit dieses Untergangs betroffen wäre; wie könnte diese große Stadt in einem Augenblick untergehen.

Dann wird der Himmel, den der heilige Johannes zu Beginn seiner Prophezeiung beschrieben hat, noch einmal offenbart; die Posaunen der Engel, die Wasserfälle des Meeres, der Donner der Welten, der erklingt, um Gott zu verehren, lassen den Gesang des Sieges der triumphierenden Wahrheit und der gekrönten Gerechtigkeit erklingen.

Das Wort der Wahrheit, welche am Anfang durch die leuchtende Gestalt des solaren Lammes repräsentiert wurde, erscheint nun im strahlenden Gewand eines neuen Zeitalters.

Die Gedanken verwirklichen sich schließlich in der Form.

Der Himmel wird seine Hochzeit mit der Erde feiern.

Das Reich des Messias wird endlich auf der Erde erscheinen.

Der Retter ist nicht mehr ein gekreuzigter Junggeselle, er ist ein junger siegreicher Ehemann; nach der Erlösung des Mannes kam die der Frau.

Der Geist vermählt sich schließlich mit der Schönheit. Glücklich ruft der Engel diejenigen, die eingeladen sind zu dieser himmlischen Hochzeit; denn das Wort Gottes ist nun in seiner ganzen Wahrheit bewiesen.

Dann verneigt der heilige Johannes sich und will den Offenbarer anbeten, aber der Engel hält ihn zurück und sagt ihm, er solle nichts tun.

Wir alle sind nur die Diener der Wahrheit und der Gerechtigkeit, sagt er, verehre nur Gott selbst.

Gott, für den der Geist der Heiligen und der Propheten durch den Mund Christi Zeugnis ablegt.

So führt der Apostel die endgültige Herrschaft des Heiligen Geistes und die letzte Offenbarung dieses Gottes ein, der nicht mehr ausschließlich im Tempel von Jerusalem oder in den höheren Orten von Samaria verehrt wird, sondern in Übereinstimmung mit dem Orakel des Meisters.

Im Geist und in der Wahrheit.

In der Intelligenz und der Gerechtigkeit.

Und ich sah den Himmel offen.

Wie am Anfang.

Und siehe, da war ein weißes Pferd.

Eine reine Form des Wortes.

Und der, der auf ihm saß, heißt «Der Treue und Wahrhaftige».

Das heißt, ein Mann der Wahrheit und der Gerechtigkeit.

Und mit Gerechtigkeit richtet er und führt er Krieg.

Die Kraft und das Imperium gehören der Gerechtigkeit an.

Seine Augen waren wie Feuerflammen.

Wie in der ersten Vision des Löwen.

Und auf dem Haupt trug er viele Diademe.

Alle Mächte vereinen sich in der Hand des Gerechtes.

Und er hatte einen geschriebenen Namen, den nur er allein kannte.

Er ist von Gott, der das lebendige Wort ist.

Und bekleidet war er mit einem blutgetränkten Gewand.

Er hat Krieg und Opfer durchlebt.

Und er wurde genannt das Wort Gottes.

Der ist, war und im ewigen Prinzip sein wird.

Und die Heere des Himmels folgten ihm.

Alle gehorchen dem höchsten Verstand und dem lebendigen Wort.

Aus seinem Mund kam ein zweischneidiges Schwert.

Wie in der ersten Vision.

Er wird die Völker schlagen, und sie mit einem eisernen Zepter regieren.

Die Gerechtigkeit ist unbeugsam wie die Wahrheit, weil die Wahrheit und das Gute unveränderlich sind.

Und ich sah einen Engel in der Sonne stehen und mit lauter Stimme den Adlern und Geiern zurufen, das Fleisch der Könige und Sklaven zu verschlingen.

Dieses Bild ist groß und schrecklich und erinnert an das Wort Jesu Christi im Evangelium.

Überall wo ein Kadaver ist, versammeln sich die Adler.

Und ich sah einen Engel vom Himmel herabsteigen mit dem Schlüssel zum Abgrund und einer schweren Kette in seiner Hand.

Der Schlüssel der Wissenschaft und die Kette der Nummern.

Und er ergriff den Drachen, die alte Schlange, die der Teufel oder der Satan ist.

Das vitale und astrale Licht, die verhängnisvolle Macht der Bösen, gehorsam den Gerechten, das geheime Feuer der Magier, der Drachen von Jason und Kadmus.

Und er fesselte ihn für tausend Jahre und warf ihn in den Abgrund..

Er ist gefesselt von der Wissenschaft und die tausend Jahre sind ein Vielfaches des Denarius.

Und er verschloss den Abgrund über ihm und kennzeichnete den Deckel mit seinem Siegel.

Das Siegel von Raphael, von Salomon und von Hermes.

Und er wird die Nationen nicht mehr verführen, bis die tausend Jahre vollendet sind.

Das Gleichgewicht ist das ewige Gesetz des Lebens, jede Handlung erzeugt eine Reaktion und jede Kompression eine Expansion. Deshalb haben die christlichen Eingeweihten der ersten Jahrhunderte die Ankunft des Antichristen angekündigt.

Danach ist es notwendig ihn wieder freizulassen, aber nur für kurze Zeit.

Es wird das Gleiche sein in der messianischen Ära.

Der endgültige Sieg des Guten kann nicht vollbracht werden ohne eine Bewegung, die eine Gegenbewegung in einer festgelegten Epoche benötigt, aber die Bewegung der Revolution wird schwach sein, denn der Sieg wird ruhig gewesen sein.

Und es wurden Throne errichtet.

Die Weisen und die Gerechten sind Könige, deren Reich nicht von dieser Welt ist, aber die zukünftige Welt wird ihre Throne errichten.

Und auf diesen Thronen saßen die Seelen derjenigen, die enthauptet worden waren, weil sie an dem Zeugnis Jesu und am Wort Gottes festgehalten hatten und derjenigen, die weder das Biest noch sein Abbild verehrt hatten.

Das Verbrechen ist also das Biest zu verehren, um letztendlich die Instinkte zu befriedigen. Diejenigen, die sein Zeichen weder auf der Stirn noch auf der Hand empfangen haben. Das heißt, diejenigen, die nach den Ansichten der materialistischen Welt, welche Sklave des Geldes und der Lüge ist, weder gehandelt noch gedacht haben.

Und sie lebten und herrschten mit Christus für tausend Jahre.

Der Prophet ist sich so sicher, dass es so sein wird, dass er so darstellt, als ob es schon geschehen wäre.

Die übrigen Toten kamen nicht wieder, bis die tausend Jahre vollendet waren.

Alle werden wieder leben, aber jeder entsprechend den vitalen Prinzipien, die er gewählt hat, diejenigen, die die Gerechtigkeit nicht geliebt haben, können nicht am Reich der Gerechtigkeit teilhaben.

Das ist die erste Auferstehung.

Selig und heilig, wer an der ersten Auferstehung teilhat.

Die erste Auferstehung ist die, in der die Seele unsterblich wird durch ihre Vereinigung mit der Wahrheit und der Gerechtigkeit.

Über solche hat der zweite Tod keine Gewalt.

Moralisch zu sterben bedeutet, sich dem ewigen Tod auf der physischen Ebene auszusetzen.

Sie werden Priester Gottes und Christi sein und tausend Jahre mit ihm herrschen.

Die Gerechten sind Priester und Könige und werden mit Jesus Christus herrschen.

Die tausend Jahre sind, wie wir sagten symbolisch und dürfen nicht wörtlich genommen werden, wie die Irrlehre der Jahrtausende es sagt.

Wenn die tausend Jahre vollendet sind, wird der Satan aus seinem Gefängnis freigelassen werden. Er wird ausziehen, um die Völker an den vier Ecken der Erde zu verführen.

Die Reaktion wird durch materielle Kräfte erzeugt, repräsentiert durch die Ecken eines Quadrates in einem Kreis.

Gog und Magog.

Das heißt, die Mächte der Anarchie und des Todes 6.666 plus 13, die Zahl des Todes und Alfa und Omega oder der Anfang und das Ende. Hier finden wir die Nummern der hebräischen Buchstaben und den Symbolismus der griechischen Buchstaben.

Und sie zusammenzuholen für den Kampf über die ganze Erde.

Die ganze Welt wird sich erheben gegen die Wahrheit und die Gerechtigkeit, im Namen der

Instinkte der Brutalität und der Instinkte des Egoismus.

Und sie belagerten das Lager der Heiligen und umzingelten Gottes geliebte Stadt.

Diese zukünftige Revolution ist, als ob sie schon geschehen wäre.

Das Heer von Sennacherib, geschlagen durch den Atem eines Engels.

Und Feuer fiel vom Himmel und verzehrte sie.

Ich bin Vergangenheit, sie existieren nicht mehr, sagte schon wunderbar ein anderer Prophet.

Und der Teufel, der sie verführte, wurde in einen See von Feuer und Schwefel geworfen.

Die Stagnation des Lebens, Untätigkeit, Unbeweglichkeit, das ist die Qual des Teufels, der große Betrüger der ersten christlichen Jahrhunderte; der vermeintliche Gott des Bösen ist zu Machtlosigkeit verdammt.

Das Tier und der falsche Prophet werden über Jahrhunderte hinweg gequält.

Diese Machtlosigkeit wird die Strafe der egoistischen Instinkte und der Heuchelei sein, solange der Sieg des Guten andauert, aber durch die Qual der Sünde selbst wird Gott die Sünder retten und er wird aus dem Bösen eine unerträgliche Pein machen, er wird die Bösen bekehren und sie zwingen zum Guten zurückzukehren.

Und ich sah einen großen weißen Thron.

Das Reich der Synthese und der Einheit.

Und vor dem, der auf ihm saß, verschwanden Himmel und Erde, sodass sogar ihr Platz nicht mehr war.

So wie im Weiß das Blau und das Rot, die beiden Extreme der Farbskala, absorbiert werden.

Und ich sah die Toten vor dem Thron stehen, die Großen und die Kleinen. Und Bücher wurden aufgeschlagen.

Das Gute hat gesiegt und wird die Seelen richten, welche ihren endgültigen Sieg in der Unsterblichkeit haben.

Ein anderes Buch wurde aufgeschlagen, das Buch des Lebens.

Es gibt zwei Bücher, so wie es zwei Bäume gibt.

Das des Wissens und das des Lebens, so wie es in Gott eine feste Weisheit und eine aktive Freiheit gibt.

Die Toten wurden nach ihren Werken gerichtet, nach dem, was in den Büchern aufgeschrieben war.

Die Menschen haben zwei Prinzipien der Handlung, das Gesetz und ihre Freiheit, es liegt an ihnen, zu entscheiden.

Ihre Wahl offenbart sich in ihren Handlungen.

Deshalb werden sie gemäß ihren Taten gerichtet.

Und der Tod und die Unterwelt wurden in den Feuersee geworfen.

Die Hölle und der Tod werden in der neuen Welt als unnütz verworfen, sie werden in die Inaktivität verbannt, in die Stagnation des Lebens.

Das ist der zweite Tod.

Es ist der Tod des Todes und der des Teufels.

Wer nicht im Buch des Lebens verzeichnet war, wurde in den Feuersee geworfen.

Alles, was dem Teufel und dem Tod angehört, alle schrecklichen Überzeugungen, jeder grausame Aberglauben, jede List des Fanatismus, alles, was nicht gerecht oder wahr ist, alles, was der Ewigkeit nicht würdig ist, alles, was nicht im Buch des ewigen Lebens geschrieben ist, all das fällt zurück in den See aus Feuer und Schwefel, in das verdorbene Feuer, in das tote Leben, in den See aus Teer der Ewigkeit.

Kapitel XXI

Und ich sah einen neuen Himmel und eine neue Erde.

Die Intelligenz ist offenbart und das Antlitz der Erde hat sich gewandelt.

Denn der erste Himmel und die erste Erde sind vergangen, auch das Meer ist nicht mehr.

Die ungerechte Erde existiert nicht mehr und das Meer trennt die Nationen, die nun durch die universelle Vaterschaft vereint sind, nicht mehr; das Meer existiert nicht mehr, so wie ein französischer König sagte: Es gibt keine Pyrenäen mehr.

Und ich, Johannes sah die heilige Stadt.

Die Gerechtigkeit und die Wahrheit existieren im Voraus. Bevor man das Reich vorhersieht, sieht man die zukünftige Stadt der wahren Geister und gerechten Willen.

Das neue Jerusalem kommt herab vom Himmel zur Erde.

Die Art der sozialen Vollkommenheit, die aus dem Himmel, d. h., aus dem Bereich des Abstrakten, in die Realität übergeht.

Von Gott selbst vorbereitet.

Das Reich Gottes, das wir jeden Tag anrufen, ist das Reich der Wahrheit und Gerechtigkeit.

Nun muss dieses Reich kommen, denn die Macht gehört der Gerechtigkeit an.

Und sie war wie eine Braut, die geschmückt war für ihren Mann.

Die Form ähnlich dem Gedanken, die Materie dem Geist unterworfen, das Wort und die Handlung in Einklang mit der Wahrheit, die Stadt der Menschen regiert durch das Gesetz Gottes; all das ist ähnlich wie eine Hochzeit, bei der die Braut angemessen gewählt und bereit für den Bräutigam ist.

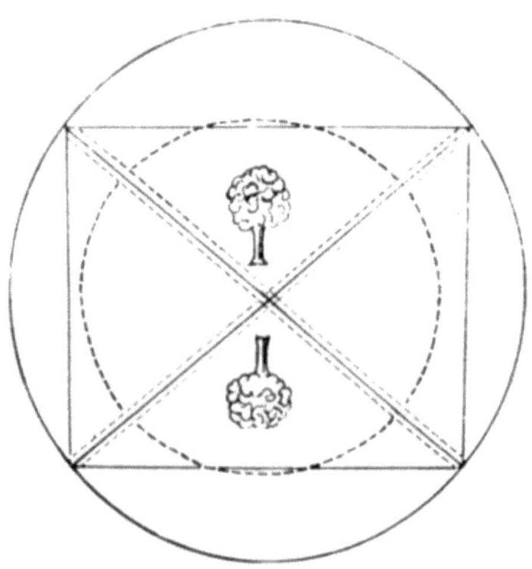

Der Plan von Eden und das neue Jerusalem.

Schlüssel der Bilder, die hieroglyphischen Buchstaben und die heiligen Namen.

Und er sagte mir: Ich bin das Alpha und das Omega.

Der Anfang und das Ende, in Latein A und Z, in Hebräisch א und ת, und so bildeten die Eingeweihten der okkulten Wissenschaften das Wort AZOTH, welches Gott und auch die universelle Substanz bedeutet.

Wer durstig ist, den werde ich aus der Quelle des Wassers des Lebens trinken lassen.

Selig sind die, sagte Christus, die nach Gerechtigkeit hungern und dürsten, denn sie werden gesättigt.

Wer siegt, wird all dies besitzen und ich werde sein Gott sein und er wird mein Sohn sein.

Und hier ist nur ein Gott, der die Unsterblichkeit durch seine Anstrengungen erreicht hat, der gewusst, gewollt, gewagt hat und der du bist.

Aber die Feiglinge, die Ungläubigen, die Verabscheuenswerten, die Mörder, die Unzüchtigen, die Giftmischer, die Götzendiener und alle Lügner, ihr Los wird der See von Feuer und Schwefel sein.

Und einer der sieben Engel, die die Schalen hatten, sprach zu mir und sagte: Komm, ich will dir die Braut des Lammes zeigen.

Und er brachte mich im Geiste auf einen hohen Berg und zeigte mir die Heilige Stadt

Jerusalem, die strahlend herabkam aus dem Licht Gottes.

Der hohe Berg ist die erhabene Ebene der höheren Einweihung und das neue Jerusalem ist ein Bild, ähnlich dem von Ezechiel, dem von Theben und dem mysteriösen Plan des Garten Edens.

Es ist die Quadratur des Kreises, ein Problem, für das die Narren eine Lösung dort suchen, wo sie nicht sein kann und das die beiden schöpferischen und erhaltenden Gesetze des Universums ausdrückt.

Die Bewegung und die Stabilität.

Das Licht war wie das Strahlen kostbarer Edelsteine, es war wie Jaspis und transparent wie Kristall.

Man sieht, dass es sich nicht um eine Stadt handelt, sondern um ein hieroglyphisches Symbol, es vereint gegensätzliche Eigenschaften, den dunklen und undurchsichtigen Glanz des Jaspis und die Transparenz des Kristalls.

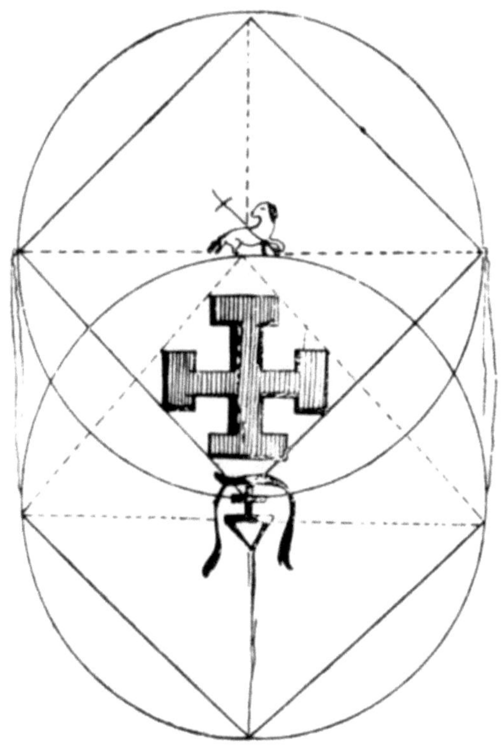

Erhöhung des Würfels in den Zylinder.

Quadratur und Synthese der Kirche.

Sie hatte eine große und hohe Mauer.

Es ist nicht für jeden, das Zentrum der Mysterien zu betreten, die Stadt der Einweihung ist befestigt und ihre Mauer ist groß und hoch. Gleich werden wir sehen, dass das Bild die Form eines Würfels hat, der eingeschlossen ist oder eingeschlossen sein kann in eine Kugel.

Und zwölf Tore und bei den zwölf Toren zwölf Engel und zwölf geschriebene Namen, welche die Namen der Stämme Israels sind.

Die zwölf Zeichen des Tierkreises, die zwölf Tugenden, welche die Früchte der Heiligen Geistes genannt werden, die zwölf Stationen der Sonne, die zwölf göttlichen Gestalten von Ägypten und Griechenland.

Drei aus dem Orient, die Dreiheit von י.

Drei aus dem Okzident, die Dreiheit von ה.

Drei aus dem Norden, die Dreiheit von ו.

Drei aus dem Süden, wieder die Dreiheit von ה.

Die Mauer der Stadt hatte zwölf Grundsteine und auf diesen Steinen die Namen der zwölf Apostel des Lammes.

Und der, der zu mir gesprochen hatte, hatte einen goldenen Messstab wie ein goldenes Rohr und er maß die Stadt, ihre Tore und ihre Mauern.

Gott erschuf alles mit Gewicht, Nummer und Maß sagt die Heilige Schrift, alles in der Welt hat Gleichgewicht und Proportion.

Die vollkommene Offenbarung zeigt sich durch die Gesetze der Natur, die auf der ewigen Mathematik basieren, die Auswirkungen sind proportional zu den Ursachen, das Wort ist das Resultat des Gedankens.

Das Fundament der Stadt war ein Quadrat und ihre Breite war gleich ihrer Länge und ihre Höhe war gleich ihrer Breite. Und die Höhe der Mauern war hundertvierundvierzig Ellen, das Maß des Menschen, das auch das des Engels ist.

Oben - Die erste hieratische Abbildung. Die Einheit Gottes.

Mitte – Die Abbildung des göttlichen Tetragramm. Das Kreuz der Templer.

Unten – Die tetragrammatische Synthese. Die Einheit der vier göttlichen Eigenschaften. Die verwirklichte Schöpfung.

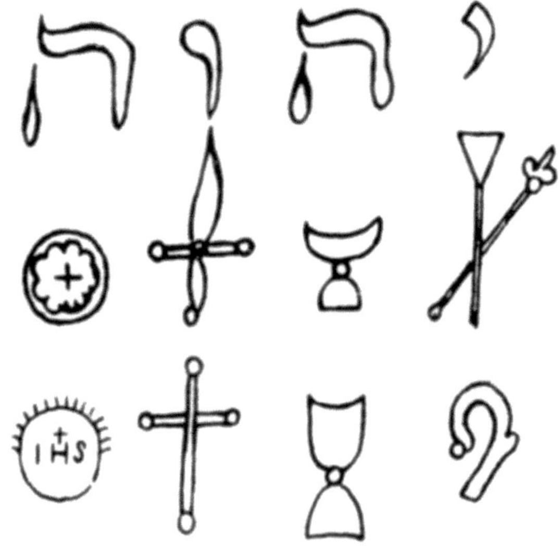

Das heilige Tetragramm oder das Schema mit seinen vier Hieroglyphen und seinen Analogien.

Alle Intelligenzen werden hierarchisch und proportional durch die gleichen Harmonien regiert, die aus der Analogie der Maße und Nummern entstehen. Hundert ist zehn Mal die Zahl des Reiches, oder von Malkuth oder von der Verwirklichung der erschaffenen Formen, multipliziert mit sich selbst.

Es ist also die verwirklichte oder hergestellte Schöpfung, entsprechend der Wahrheit. Vierzig ist der Denarius selbst oder die Zahl zehn geordnet durch die des Tetragramms.

Vier ist das Tetragramm selbst.

Darüber hinaus ergeben die drei Zahlen neun, die große göttliche Zahl.

Ihre Mauer war aus Jaspis gebaut und die Stadt war aus reinem Gold, transparent wie Kristall.

Die Mauer ist dunkel, das ist der Symbolismus, aber die Stadt ist hell und transparent.

Die Grundsteine der Stadtmauer waren ganz aus edlen Steinen gemacht.

Der Erste war aus Jaspis (dunkelgrün).

Der Siebte aus Chrysolith (blau, Nephtali).

Der Zweite aus Saphir (blau, Issachar).

Der Achte aus Beryll (blaugrün, Manassé).

Der Dritte aus Chalzedon (ersetzt den Chrysolit).

Der Neunte aus Topas (gelb, Simeon).

Der Vierte aus Smaragd (grün, Ruben).

Der Zehnte ein Chrysopras (blau, Zabulon).

Der Fünfte ein Sardonyx (ersetzt den Beryll).

Der Elfte ein Hyazinth (lila, Dan).

Der Sechste ein Sardion (ersetzt den Onix).

Der Zwölfte ein Amethyst (violet, Ephraim).

Diese Steine, deren Farben in viermal drei eingeteilt sind, repräsentieren die Haupttöne des Lichtes entsprechend den Hauptakkorden der Musik und bilden vier Magnete mit einem Zentrum und zwei Polen. Um es besser zu verstehen, muss man sorgfältig studieren, was wir woanders bezüglich des Verstandes des Hohepriesters geschrieben haben.

Die Edelsteine haben tatsächlich magnetische Kräfte, die man verstärkt und die man zusammenfügt, gemäß der Wissenschaft. Die Art wie man sie zusammenfügt, ist erklärt durch die weise geometrische chinesische Figur, die man die Trigramme von Fu Xi nennt.

Denn die hohe Wissenschaft war für alle großen Völker der Antike gleich und ihre Symbole stehen, sogar ohne dass sie verstanden wurden, in Beziehung zueinander.

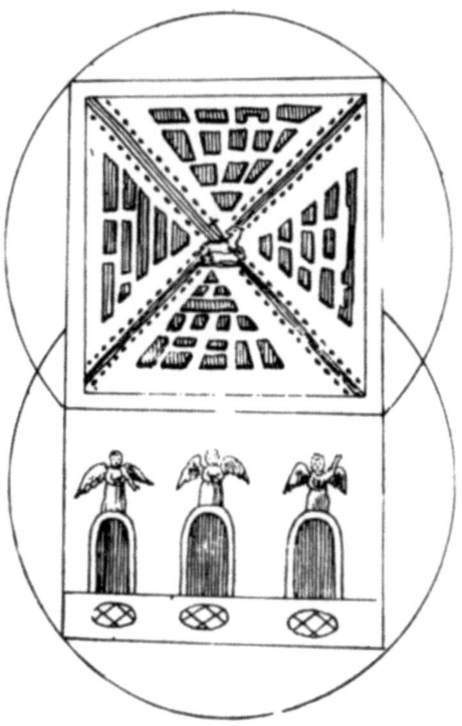

Plan und Aufriss des neuen Jerusalem.

Und es gab eine Perle auf jedem der zwölf Tore und jedes Tor war selbst diese Perle.

Das Tor der wahren Wissenschaft ist diese Perle, über die Christus gesagt hat, dass man alles, was man hat, verkaufen muss, um sie zu erwerben.

Der Platz der Stadt war aus reinem Gold und ich sah in ihr keinen Tempel, denn Gott und das Lamm selbst sind Tempel und die Stadt braucht weder Sonne noch Mond, denn sie ist ständig erleuchtet durch das Licht Gottes und durch seine Lampe, die das Lamm ist.

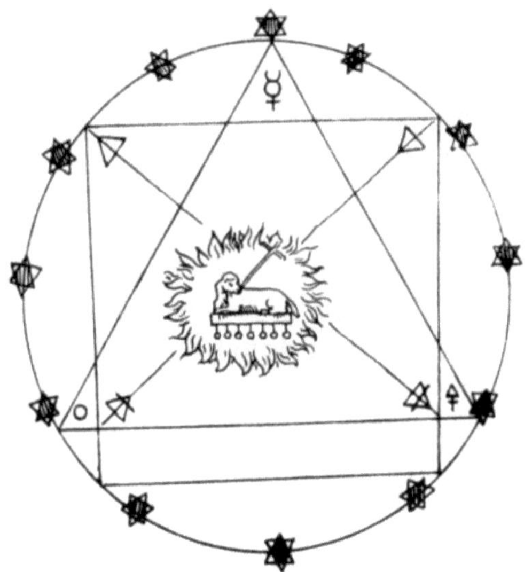

Universelles Bild des Lichtes.

Plan des Freimaurertempels.

Universelles Siegel des Hermes.

Das Gold ist das Symbol der Wahrheit und des Lichtes, das Lamm ist die Sonne des Verstandes, erleuchtet durch seine weiße Farbe, brennend durch sein Opfer.

Es ist der Widder des Frühlings, der Widder des goldenen Vlieses von Phrixos und Helle.

Es ist das Schechinah der Kabbala, das die modernen Freimaurer auch Shekenna nennen.

Dieses Symbol entspricht dem der Taube, dem Sinnbild des Lichtes und der Sanftmut.

Die Wissenschaft ist ruhig, sie ist sanft, weil die Ewigkeit ihr angehört, sie ist die Sonne des Geistes und die Wärme der Seele, der Tempel der universellen Verehrung, denn sie verwandelt die ganze Welt in einen Tempel, in dem man die unerreichbare Vernunft und die unvergängliche Gerechtigkeit verehrt.

Kapitel XXII

Und er zeigte mir einen Strom aus dem Wasser des Lebens, klar wie Kristall, der vom Thron Gottes und des Lammes ausging.

Der Gleiche, der aus Eden strömte.

Und auf jeder Seite des Flusses der Baum des Lebens, der zwölf Früchte trug und der jeden Monat eine Frucht gab.

Der sterbliche Baum des Wissens hat sich umgewandelt in den Baum des Lebens.

Die Blätter dieses Baumes dienen zur Heilung der Völker.

Die Blätter sind die Schriften, bestimmt die Welt zu erleuchten und die vervielfältigt werden, wie der Frühling es mit den Blättern der Bäume und mit den Grashalmen tut.

Der Baum des Wissens, der wegen der Sünde Evas auch der Baum der Liebe ist, wird zum Baum des Todes; aber die Liebe ist erneuert und die Erzeugung ist nicht länger verdammt. Der Baum, der jeden Monat Früchte gibt, ist die Frau, deren Blut nunmehr nicht länger unrein ist und nicht länger verloren geht, wie das Wasser einer verdammten Quelle. Die Erbsünde macht Platz für die ursprüngliche Heiligkeit.

Ehre und Ruhm für die Früchte der Liebe, denn die Liebe ist durch die Gerechtigkeit geheiligt.

Nun, sagt der Prophet, wird Gott alles Leid beenden und alle Tränen trocknen und mit denen der kleinen Kinder beginnen, die beim Eintritt ins Leben weinen, weil das Leben verdammt ist. Die Menschen sind nicht länger Sklaven eines unbekannten und schrecklichen Gottes, sie sehen ihn oder vielmehr lesen sie seinen Namen auf der Stirn der Anderen.

Niemand hat jemals Gott gesehen, sagt der Apostel an anderer Stelle, aber derjenige, der seinen Vater, den er sieht, nicht liebt und sich rühmt Gott zu lieben, den er nicht sieht, der ist ein Lügner.

Hier wird eine der wichtigsten Stellen dieses Buches wiederholt.

Der Heilige Johannes will den Offenbarer verehren, der zu ihm in menschlicher Gestalt spricht, aber das inkarnierte Wort oder der Engel des Herrn hindert ihn das zu tun und heißt ihn nur Gott selbst zu verehren.

An andere Stelle der Schrift wird gesagt, dass am Ende der Zeit Christus wie ein treuer Prinz das Königtum zurück in die Hände Gottes geben wird, seinem Vater.

Ich gehe zu meinem Vater, denn mein Vater ist größer als ich, sagt er in der Rede nach dem Abendmahl, im Evangelium des Heiligen Johannes.

Und er sagte zu mir: Versiegle die prophetischen Worte dieses Buch nicht, denn die Zeit ist nahe.

Dieses Buch hatte einen Schlüssel, der in der Zeit des Heiligen Johannes im Besitz der Eingeweihten war.

Wer Unrecht tut, tue weiter Unrecht, der Unreine bleibe unrein.

Der Gerechte handle weiter gerecht und der Heilige strebe weiter nach Heiligkeit.

Siehe, ich komme bald und mit mir bringe ich den Lohn.

Und jedem wird gegeben werden, was seinem Werk entspricht.

Ich bin das Alpha und das Omega, der Anfang und das Ende. Selig, wer sein Gewand wäscht im Blut des Lammes, um Macht über den Baum des Lebens zu haben.

Um Macht über den Baum des Lebens zu haben, muss man seinen Körper reinigen, indem man am freiwilligen Opfer des Lammes teilnimmt, d. h., der ersten Eingeweihten.

Raus mit den Hunden und den Giftmischern und den Unzüchtigen und den Mördern und den Götzendienern und allen, die die Lüge lieben und praktizieren.

Die Hunde sind die unterwürfigen und kriechenden Seelen, die Giftmischer sind die Fälscher der Doktrin, die Unzüchtigen sind diejenigen, die die Liebe schmähen.

Schlusswort

Ich, Jesus, habe meinen Engel gesandt als Zeugen für das, was die Gemeinden betrifft. Ich bin die Wurzel und der Stamm Davids. Der strahlende Morgenstern.

Der Geist und die Braut aber sagen: Komm!

Wer versteht, wird sagen: Komm!

Wer durstig ist, der komme. Wer will, empfange umsonst das Wasser des Lebens.

Ich verkünde mit dem Engel jedem, der die prophetischen Worte dieses Buches hört: Wer etwas hinzufügt, dem wird Gott die Plagen zufügen, die vorhergesagt wurden.

Und wenn jemand ein einziges Wort wegnimmt, dem wird Gott seinen Anteil im Buch des Lebens und an der heiligen Stadt wegnehmen.

Bezüglich der Dinge, die in diesem Buch geschrieben stehen, ist hier das, was der sagt, der bezeugt.

Ja, ich komme bald.

Amen. Komm, Herr Jesus!

Die Gnade des Herrn Jesus Christus sei mit euch allen. Amen.

Der prophetische Plan des Buches der Offenbarung

Wie man sieht, ist die Offenbarung eine symbolische Zusammenfassung des Wissens der Eingeweihten und ein Schlüssel der hohen Kabbala, es wäre falsch die Kette der Ereignisse anders zu sehen, als in Form einer transzendentalen und prophetischen Philosophie der Geschichte.

Der Apostel sah den Kampf des Geistes gegen die Bestie, des Wissens gegen die Unwissenheit, der Nächstenliebe gegen den Egoismus, der sieben Tugenden gegen die sieben Todsünden, der sich im Lauf der Jahrhunderte ereignen wird, aber er behauptete nicht einen speziellen Menschen der Zukunft vorherzusagen, weder Julian noch Mohammed noch Napoleon, wie verschiedene Kommentatoren behauptet haben, von denen einige große Denker und Schriftsteller wie Newton und Bossuet waren; aber da diese die Mysterien der Kabbala nicht kannten, waren sie absolut unfähig ein kabbalistisches Buch zu verstehen.

Das Vernünftigste, was gesagt wurde, ist dass die sieben Leuchter, die sieben Sterne, die sieben Siegel, die sieben Engel, die sieben Posaunen, die sieben Schalen und die sieben Gemeinden von Asien sieben aufeinanderfolgende Epochen darstellen, die die Kirche durchlaufen muss, um zum endgültigen Sieg und der Errichtung des Neuen Jerusalem zu gelangen.

Tatsächlich haben wir gesehen, dass das Buch der Evangelien, das Buch der Wahrheit, das mit sieben Siegeln verschlossen ist, sich langsam und nacheinander öffnet.

Das Öffnen jedes Siegels enthüllt ein Licht (der Stern), errichtet eine Kirche (der goldene Leuchter), erweckt eine Macht (der Engel), verkündet eine Wahrheit (die Posaune), verursacht Kriege und Katastrophen (die Schale voller Blut).

Der Heilige Johannes scheint diese sieben aufeinanderfolgenden Epochen der universellen Kirche durch die sieben bestimmten Gemeinden von Asien, an die er seine Warnungen richtet, darzustellen.

Die Gemeinde von Ephesus, das erste Zeitalter, die apostolischen Zeiten, Unterscheidung zwischen den wahren und den falschen Aposteln, Kampf des Guten gegen das Böse, viel Arbeit und viel Geduld.

Der Heilige Johannes tadelt sie nur dafür, dass die Begeisterung ihrer ersten Barmherzigkeit abgekühlt ist.

Der Siegel der Faulheit des Geistes ist gebrochen, das Wort manifestiert sich in voller Kraft.

Der Eroberer, d. h., das in Weiß gekleidete und mit Gold gekrönte Wort, macht sich auf, seine Pfeile aus Licht zu werfen.

Der Engel Michael, der Bezwinger der falschen Götter bläst die Posaune und verkündet die Einheit Gottes und den Fall der Dämonen; Stürme bilden sich, eine Sintflut aus Blut wird herabfallen.

Die erste Schale ist ausgegossen, das ist das Wasser der Taufe, das die Auserwählten segnet und diejenigen zu Schande und Verdammnis verurteilt, die nicht mit den heiligen Zeichen gezeichnet sind und die das Zeichen der Bestie tragen.

Jesus Christus spricht zu dieser Gemeinde im Namen der sieben Sterne, die er in seiner Hand hält (das Licht, das durch gute Taten verdient wurde); und denjenigen, die siegen, verspricht er den Geist des Baums des Lebens.

Die Gemeinde von Smyrna repräsentiert das Zeitalter der Verfolgungen und der Märtyrer.

Die Kirche ist zu der Zeit arm, aber reich an Tugend.

Die Synagoge, die die Christen zurückwies und sie der Verfolgung durch die Römer überließ, hat ihre ursprüngliche Würde eingebüßt.

Sie nennen sich Juden, aber sie sind es nicht mehr, sie sind die Synagoge des Satans.

Fürchte nichts, wofür du leiden must, fügt der Vertreter des Wortes an, der Verleumder wird einige von euch ins Gefängnis werfen, um euch zu prüfen und ihr werdet zehn Tage leiden (die zehn Verfolgungen unter den heidnischen Kaisern).

Seid treu bis zum Tode und ich werde euch die Krone des Lebens geben.

Das zweite Zeitalter, das zweite Siegel, die zweite Posaune, die zweite Schale entsprechen diesem Zeitalter; siehe die Erklärungen, die wir zuvor gegeben haben.

Das dritte Zeitalter, dasjenige der Gründung des Christentums unter der Herrschaft von Constantin, wird symbolisiert durch die Gemeinde von Pergamon.

Die Vereinigung von zwei Kräften bereitet große Gefahren vor.

Ich weiß, wo du wohnst, sagt das Wort zu dieser Gemeinde.

Es ist an diesem Ort, wo der Thron Satans sich befindet.

Mein Name bleibt dir und du hast meinen Glauben nicht verleugnet, aber bedenke, dass dort, wo du bist, das Blut meiner Märtyrer geflossen ist und dass vom Thron, der dich beschützt das Ende der Qual kam.

Das Wort wirft dieser Gemeinde vor die Doktrin von Balam zu tolerieren, d. h., die des Propheten, der sich an den König Balai verkauft hat, um nach seinem Willen zu verfluchen oder zu segnen und der die Sitten verdorben hat, um die Reinheit des Glaubens zu zerstören.

Das Wort droht diese Verderber mit dem zweischneidigen Schwert, das aus seinem Mund kommt, zu bekämpfen und verspricht dem Siegreichen ein verborgenes Manna und einen weißen Stein, auf dem ein mysteriöser Name geschrieben sein wird; dieser Okkultismus wird notwendig in Gegenwart des vorübergehenden Sieges der Kirche und der innere Geist der Prophezeiung muss gegen die Unverfrorenheit der reichen und korrupten Prälaten protestieren.

Diese Mahnungen können mit der Erklärung, die wir über Siegel, Posaune und Schale gegeben haben, verglichen werden und auch mit den anderen.

Die Kirche von Thyatira repräsentiert die vierte Etappe der Kirche, dies ist die Zeit der großen Gelehrten und Heiligen, und auch das Alter der Dekadenz des spätrömischen Reiches; Kaiserinnen, die von Eunuchen gesteuert werden, beginnen sich einzumischen und zu dogmatisieren.

Du duldest es, sagt das Wort, dass die gottlose Jezebel sich selbst eine Prophetin nennt, dogmatisiert, meine Diener verführt und sie zu Unzucht und zur frevelhaften Gemeinschaft der Idole treibt.

Ich habe ihr Zeit gegeben zu bereuen und sie will ihre Unreinheiten nicht aufgeben.

Ich werde sie auf ein Bett der Schmerzen werfen, ihre ehebrecherischen Liebhaber werden großer Verwirrungen überlassen und ihre Kinder werden Opfer des Todes werden (der Untergang des römischen Reiches und die Invasion der Barbaren); aber der, der siegt und sich an die wahre Doktrin hält, wird die Nationen zerbrechen wie Schalen aus Lehm und ich werde ihm den Morgenstern geben, so wie ich ihn von meinem Vater erhalten habe.

Bei der Öffnung des vierten Siegels sehen wir den Tod auf seinem weißen Pferd, der um die Welt reist und die Schrecken der Hölle hinter sich herzieht; es ist Attila, der die Reste des alten Reiches der Cäsaren beseitigt.

Das Zeitalter der Barbaren wird durch die Gemeinde von Sardes repräsentiert.

Du gibst vor am Leben zu sein, sagt das Wort, aber du bist tot, erwache!

Belebe diejenigen, die noch atmen und die sterben werden.

Sei vorsichtig, denn das Gericht, wird dich überraschen; es gibt noch einige reine Seelen, einige weiß gekleidete Engel in der Mitte dieses Grabes … derjenige, der siegt, wird auch in Weiß gekleidet und ich werde seinen Namen nicht aus dem Buch des Lebens löschen, denn der Ohren hat, höre, was der Geist den Gemeinden sagt!

Das sechste Zeitalter beginnt mit der Renaissance.

Eine neue Tür öffnet sich für die Kirche, die der Intelligenz und des Fortschritts.

Diese Kirche ist mittelmäßig in Bezug auf die Tugend, aber sie hat treu das heilige Wort bewahrt.

Die Verfolgung der Juden hat aufgehört, einige von ihnen kehren zurück und konvertieren, aber eine große Prüfung bereitet sich vor, die Menschheit wird eine große Krise erleben, die Revolution hat begonnen.

Ich werde über dich wachen, sagt das Wort in der Stunde dieser Prüfung, die über das gesamte Universum kommen wird, um die Bewohner der Erde zu prüfen.

Ich werde bald kommen.

Bewahre gut, was du hast und lass niemanden deine Krone rauben!

Aus dem der siegt, werde ich eine Säule des Tempels Gottes machen und ich werde den Namen des Herrn und der Heiligen Stadt, des neuen Jerusalem, das aus dem Himmel herabsteigen wird, auf ihn schreiben und ich werde ihn meinen neuen Namen lehren; (hier ist eine Art neuer Offenbarung nötig oder wenigstens ein neues Verständnis der universellen Offenbarung, symbolisiert durch die Säulen des Tempels Jakin und Boaz und durch das heilige Tetragramm, das den Namen und das Wissen des neuen Jerusalem bildet, wie wir gezeigt haben.).

Nach dem sechsten Zeitalter kommt das Siebte, das für die Kirche eine Zeit der Ruhe sein wird, denn die Einteilung ihrer Dauer in sieben Zeitalter ist eine Nachahmung der Schöpfungsgeschichte in der Genesis, jedes Zeitalter repräsentiert einen Tag von Moses, aber die Ökonomie der Offenbarung ist so, dass wir nie die offizielle und priesterliche Kirche sehen, die sich selbst erneuert und an die Spitze der fortschrittlichen Bewegung marschiert.

Die Synagoge hat immer die Propheten abgelehnt und verfolgt.

Der Hohepriester Kaiphas hat mit den Priestern seiner Zeit die Schüler Christi exkommuniziert und den Meister gekreuzigt.

Es wird dasselbe sein bei der Wiedergeburt des Christentums durch den prophetischen Geist und der Manifestation der hohen Wahrheiten der Kabbala.

Wir sehen auch, im Buch des Heiligen Johannes, dass das Wort Vorwürfe gegen die siebte Kirche erhebt, die von Laodicea, die Letzte von allen und die, die am meisten der Gnade und Wahrheit entbehrt.

An den Engel der Gemeinde in Laodicea schreibe: Hier heißt es: Amen.

Der treue und zuverlässige Zeuge.

Der der Anfang der Schöpfung Gottes ist.

Ich kenne deine Werke.

Du bist weder kalt noch heiß.

Bitte Gott, dass du kalt oder heiß bist! Weil du aber lau bist, will ich dich aus meinem Mund ausspeien.

Du behauptest: Ich bin reich und wohlhabend und nichts fehlt mir.

Du weißt aber nicht, dass du arm bist.

Und Elend.

Und blind.

Und taub.

So wird diese Kirche, die ohne Nächstenliebe und gegen jede fortschrittliche Bewegung ist, sich auszeichnen durch ihren Eigensinn und ihren Stolz. Sie wird den Fortschritt ablehnen, denn sie sagt, es fehle ihr an nichts, während sie von allem Licht und Wert getrennt ist.

Darum rate ich dir, fügt das Wort der Wahrheit hinzu, *kaufe von mir Gold, das im Feuer geläutert ist, damit du reich wirst; und kleide dich mit weißen Kleidern* (der Intelligenz und des Lichtes), *damit die Schande deiner Nacktheit bedeckt ist.*

Ich rate dir schließlich deine Augen zu salben, damit deine Blindheit verschwindet.

Dann erklärt das Wort, dass er diejenigen, die er liebt, zurücknimmt und bestraft. Diese blinde und eigensinnige Kirche ist noch immer seine, es ist die neue Synagoge, eigensinnig wie ihre Mutter und ein Hindernis für das Reich des Heiligen Geistes, so wie die jüdische Synagoge ein Hindernis für das Reich Jesu Christi war.

Jetzt bin ich an der Tür und klopfe, fügt das Wort der Wahrheit an, derjenige, der meine Stimme hört und mir die Türe öffnet, wird das Abendmahl mit mir nehmen und ich mit ihm.

Derjenige, der siegt, wird mit mir auf meinem Thron setzen, so wie ich siegte und auf dem Thron meines Vaters saß.

Durch diese Verkündigung der großen messianischen Herrschaft enden die Ermahnungen an die sieben Gemeinden.

Nun ist das siebte Siegel geöffnet, die siebte Posaune geblasen, die siebte Schale ist ausgegossen und der Erlöser ruht, die zweite Schöpfung ist beendet und es herrscht Ruhe im ganzen Himmel.

Ende des prophetischen Planes.

Das ist der Schlüssel des Königreiches

Das sind die Mysterien dieses Buch, das während achtzehn Jahrhunderten sogar für die Kirche selbst ein geschlossenes und unerklärbares Buch gewesen ist.

Die Überlieferung sagte, dass das Verständnis dieser Symbole im letzten Zeitalter der Kirche gegeben werden wird und dass die Erklärung der Offenbarung eines der charakteristischen Zeichen dieser letzte Zeiten sein wird.

Hier ist die Erklärung: Sie ist geschrieben, aber noch nicht veröffentlicht (sie ist endlich veröffentlicht). Es können Jahrhunderte vergehen, bevor jeder sie kennt. Es wird so geschehen, wie die Vorsehung es sagt.

Der Heilige Johannes, der am meisten geliebte Apostel darf nicht sterben, er muss die Ankunft seines Meisters abwarten, sagt eine alte Überlieferung.

Im Mittelalter sagte man, dass der Priester Johannes oder Johannes der Ältere, wie er sich selbst in seinen Schriften nannte, der König von Eden wurde und dass er in seinen Ländern alle Wunder der alten und neuen Welt besaß.

Dort könne man den Phönix und den Pelikan finden, dort würde sich der umherirrende Jude von seiner lange Reise ausruhen.

Denn in diesem Land würde man die Wahrheit aller Legende und die Bedeutung aller Symbole verstehen.

Mit dem Schlüssel der Offenbarung kann man das Königreich des Priesters Johannes betreten.

Ehre sei Gott allein.

Ende